AF301618

Für Charlie

Christian Happ

Leben wie Frosch
in Frankreich

The late years

Autor: Christian Happ

Verlag: tredition GmbH, Hamburg
ISBN:
978-3-8495-9766-5 (Paperback)
978-3-8495-9767-2 (Hardcover)
978-3-8495-9768-9 (e-Book)

Verlag & Druck: tredition GmbH, Hamburg

Bibliografische Information der Deutschen Nationalbibliothek:
Die Deutsche Nationalbibliothek verzeichnet diese Publikation in der Deutschen Nationalbibliografie; detaillierte bibliografische Daten sind im Internet über http://dnb.d-nb.de abrufbar.

Inhaltsverzeichnis

2013

Mediendramen

Bitte achten Sie darauf, dass die erste Zeile eines Absatzes immer
(Zeitung) „Neu-Isenburg. Ein Mann raubte am frühen Morgen eine
Bank aus und verwundete dabei nicht nur den Kassierer, Kurt S.,
sondern auch zwei kleine Mädchen, die gerade Geld auf ihr Spar-
buch einzahlen wollten. Er hatte sich eine schwarze Haube über das
bärtige Gesicht gezogen und trug ein Karnevalsgewehr. Er mur-
melte immer wieder „Geld her, Geld her". Der Kassierer, der bereit-
willig alles herausgab was er hatte, war an diesem Morgen allein in
der Filiale der Sparkasse Neu-Isenburg, Kollmannsthal. Er berichtete später, er habe große Angst gehabt. Die beiden Schwestern, 5
und 9 Jahre alt, waren zu diesem Zeitpunkt die beiden einzigen Kunden in der Sparkasse. Während er den Kassierer zur Herausgabe des
Geldes nötigte, drückte er den Lauf des Plastik-Gewehrs gegen den
Adamsapfel des 25-jährigen Bankangestellten. Die beiden Mädchen
streifte er beim Umdrehen leicht mit seinem braunen Jutebeutel.
Alle drei wurden dabei kaum verletzt, doch dennoch zunächst me-
dizinisch und dann psychologisch auf der braunen Ledercouch des
Vorraums der Filiale betreut. Sie sind aber mittlerweile alle drei wieder wohlauf. Von dem stämmigen Mann fehlt bislang jede Spur."

(Buch) Peter legte die Zeitung weg. „Schlimm, was alles passiert
in der Welt, die armen Mädchen", dachte er. Dabei war gestern bei
ihm gegenüber etwas ganz Ähnliches passiert, ja, genau hier in der
Eifel, an der Sparkasse Prüm. Es hatte aber anscheinend ebenfalls
keine Verletzten gegeben. Vielleicht war es ja sogar der gleiche
Mann gewesen. Peter lief unruhig in seinem Appartement auf und
ab. Er setze sich in seine braune Ledercouch. Dann klingelte das Telefon. Abwesend nahm der stämmige Peter den Hörer ab. „Hallo?"
sagte er. „Peter, ich bin es" sagte seine Ex-Frau, du musst schnell

kommen. Unser Haus brennt." Peter legte den Hörer auf und setzte sich wieder in den braunen Couchsessel neben dem großen schmutzigen Fenster. Neben ihm lag die Zeitung. Weit aufgeschlagen war der Banküberfall aus Neu-Isenburg.

(Theater) Kurt legte den Krimi beiseite nahm noch einen Schluck aus der Whisky-Flasche. „Immer diese blöden Eifelkrimis" sagte Kurt. „Das ist doch alles nicht realistisch, was darin passiert. Häuser brennen so selten. Besonders so, wie die heute gebaut sind." Er schaute auf die Uhr. „Ach, erst 9:00 Uhr. Ich hätte wetten können, es wäre schon viel später" Man hörte Kinderschreie auf der Straße. Heute war ein Feiertag, da war doch gar keine Schule. Die Schreie wurden leiser und waren bald gar nicht mehr zu hören. In diesem Augenblick fiel er, der stämmige Mann, von seiner braunen Ledercouch und bliebt regungslos liegen. Es klingelte. Es klingelte erneut. Durch die Tür kam eine Frau in einem Hausfrauenkittel. Sie trug einen Schrubber und einen Putzeimer. „Oh nein, oh nein." rief sie. Dabei stieß sie versehentlich den verknickten Eifelkrimi vom Beistelltisch.

(TV) Es wurde Musik eingespielt und der Vorhang senkte sich. Das Publikum applaudierte. „Der Mann…das hat er wirklich gut gespielt, oder?" fragte Karin ihren Mann in der zweiten Reihe des voll besetzen Theaterraums. Mit weit aufgerissenen Augen sah sie der stämmige Mann neben ihr an. „Schlimm sowas." sagte er nachdenklich. „Besonders, dass es so wirkt, als habe ihm der Alkohol in den Tod getrieben." Beide gingen an der Bühne vorbei, vorbei an der braunen Ledercouch neben dem Bühnenaufgang und man hörte, hinter heruntergelassenem Vorhang, wie die Kulisse bereits abgebaut wurde. Heute war der letzte Tag der Aufführungen gewesen. Anschließend verabschiedeten sich die beiden vor dem Theater mit einer flüchtigen Handbewegung. Die beiden gingen an jenen Abend nicht in eine gemeinsame Wohnung. Karin hatte vor kurzem Peter kennengelernt. Der war so ein toller belesener Mann. Auch er hatte sich wiederum noch vor kurzem von seiner Frau getrennt. Karin hatte zwar den Mann an ihrer Seite verlassen, aber für die Kinder spielten sie weiterhin die Rollen in einer intakten Familie. Den Kindern hatten sie beide gesagt, dass sie heute ins Theater gehen würden.

(Kino) „Schalt endlich diesen Mist aus!" brüllte George. „Unrealistischer Scheiß! Als wenn man dann noch zusammen ins Theater gehen würde, wenn man sich getrennt hat." Seine Großmutter zuckte auf der brauen Ledercouch zusammen. George hatte wieder einen seiner Wutausbrüche. Er saß auf einem weißen Klappstuhl in einer völlig verwüsteten Wohnung. Hier hatte lange niemand mehr aufgeräumt. Es roch unangenehm nach menschlichen Exkrementen. Als die Großmutter aufstehen wollte, griff ihr George ans Handgelenk. „Wohin willst Du schon wieder, Du alte Schachtel?" Die alte Frau bekam es mit der Angst zu tun. Sie löste gekonnt die Hand ihres stämmigen Sohnes und bewegte sich ruckartig Richtung Haustür. George versuchte ihr hinterher zu sprinten, doch rutsche auf einem am Boden liegenden Pizza-Karton aus. Die alte Frau schaffte es zur Tür, drehte den Schlüssel im Schloss (ja, heute Morgen hatte er ihn versehentlich stecken gelassen, das wusste sie) und stand im hellen Sonnenschein. Draußen schrie die alte Frau vor Freunde. 5 Jahre hatte sie das Haus nicht mehr verlassen. Während sie schrie kamen immer mehr Nachbarn zu ihr, allen voran Karin von gegenüber mit ihren zwei kleinen Mädchen. George lag weiterhin am Boden und hatte Tränen in den Augen.

(Laptop) Der Abspann begann. Kurt Peters hatte Regie geführt. Der machte ja immer so gute Filme. Ja, wirklich, diesen Peters-Film über die Geiselnahme der alten Frau hatte er noch sehen wollen, bevor sie ihn kriegten. Allein schon wegen der tollen Kritiken. Er hatte ja schon mal im Knast gesessen. Da gab es kein Kino.

Der stämmige Mann pulte die letzten Popcorn Stücke aus seinem Sitz und verließ dann nach allen anderen das Kino von Neu-Isenburg Kollmannsthal. Die Jutebeutel mit dem erbeuteten Geld hatte er unter dem Arm als er an der braunen Ledercouch im Kinovorraum vorbeieilte.

(Realität) „So jetzt reicht es aber. Mach den Laptop zu. Du sollst schlafen!" sagte die Frau im Hausfrauenkittel streng und schlug auf die braune Ledercouch in dem Schlafzimmer ihrer Tochter. Darauf lag ein braunes Karnevalsgewehr. „Ja, Mama, es war nur gerade so spannend. Ob sie ihn wohl fangen?" Sie klappte den Laptop leicht seufzend zu und dachte an den stämmigen Mann.

Duschgel

Pffft...pffft...pffft

Eingeladen bei Freunden, samt Decken,

Da muss man sich nicht aus dem Schlafsack recken,

Auf dem Schrank in der Ecke, lange nicht benutzt,

Und nicht nach dem letzten Gelage geputzt.

Da freut man sich zwar, nicht alles zu tragen,

Doch die Benutz-Historie gilt es doch zu erfragen.

Pffft...pffft...pffft

Das Geräusch das die leeren Tuben so machen?

Das Geräusch der leeren Plastikflaschen.

Auf Gäste-WCs, die Handseifenspender,

Vereint es die schönsten und schlimmsten Länder.

Beim Benutzen der Letzte, Murphy's Law, welch Gefasel,

Lass die Zahnpasta voll sein, bitte, because your home is my cas-
tle.

Pffft...pffft...pffft

Wer kennt es nicht, dieses trostlose Pfeifen,

„Nein, musst nichts mitbringen, kein Handtuch und Seifen."

Man wird dann geschickt unter Duschen ins Bad,

Das Duschgel ist leer, und die Zahnpasta hart.

Und man sehnt sich nach vollen Dosen und Tuben,

Nach Drogeriemarkt-gefütterten Zimmern und Stuben.

Pffft...pffft...pffft

Sonst keine Probleme? werdet ihr fragen,

Keine größeren sorgen hier vorzutragen?

Doch auch euch wird es nerven, zur Weißglut bringen,

Neu in allen Bädern sind Tupfer, sind Klingen.

Doch das was der gute Gast dann auch nimmt,

Das ist fast leer bis leer, das stimmt immer, bestimmt.

Pffft...pffft...pffft

Die Zahnpasta wurde schon mehrfach gedrückt,

Und in schlimmsten Fällen gar mit der Schere zerpflückt.

„Ach, kauf bald `ne neu." heißt es dann locker,

Dabei hängt meine Hose schon über dem Hocker.

Bereit mir die Zähne, die Haare zu säubern,

Mit Gastgebers Zustimmung Mittel zu räubern

Pffft...pffft...pffft

Auch der Senf aus der Tube am Frühstückstisch,

Ist selten voll und niemals frisch.

Und ich drücke gequält ein letztes Mal,

Der Geschmack schon verwandelt von scharf Richtung schal.

Vergleichbar mit leeren Klopapierrollen,

Die immer dann fort sind, wenn andere wollen,

Pffft...pffft...pffft

Auch auf der Arbeit und nach großen Geschäften,

Da braucht man doch Seife, man braucht sie nach Kräften,

man schleppt sich zum Becken und kann nicht mehr,

Doch die Klappe mit Seife ist endlos leer.

Die Strafpredigt folgt gegen Unbekannt,

Am Pissoir nur ein Mann, völlig abgewandt.

Pffft...pffft...pffft

Was will man raten, was kann man da tun,

Was lässt uns in Zukunft in fremden Bett ruh'n?

Wir packen neben Laken, Kondomen und Kuren,

Nun auch feine Cremes, Pasten, Öle, Tinkturen,

Wir nehmen Badehauben und Handtuch mit,

Sowie Duschmatten und Nagel-Kit.

Pffft...pffft...pffft

Man führt es stets mit sich das Eier-Shampoo,

Man kann es ja teilen: „Das Duschgel trägst du."

Vertrau keinen Freunden und keiner Familie,

Ihnen fehlt sicher mehr als eine Bad-Immobilie,

Sie werden es leugnen, sie werden es meiden,

Und doch lassen sie dich als Gast dort nun leiden.

Und haben sie Geburtstag, der Jackpot von Besuchen,

Dann back Ihnen Duschgel in den Zitronenkuchen.

Verpack ihnen Shampoo und pack es mit Ihnen aus!

Und stell es Dir für den nächsten Morgen raus.

Pffft.

2014

Keiner will so sein, doch alle sind so

Der Kontinent des Staunens wird Afrika auf einem Plakat in Trier
genannt. Tatsächlich gibt es von dort viel zu staunen. Dass wir die
Menschen aus Afrika so behandeln beispielsweise, wie wir es nicht
mögen, wie die Amerikaner uns Europäer behandeln.

Weite Steppe, bunte Farben,

Ganz viel Freude, wenig haben,

Tanzen sich das Glück herbei,

Sind so wild und sind so frei.

Und wie das Leuchten in den Augen,

Kleiner Kinder Herzlein warm,

An Natur und Götter glauben,

Regentänze bei Dürre, und bettelarm.

Ich benutze nur Te-Te-Te-Texte,

Pflanze nur Wo-Wo-Wo-Worte,

Euch zum Nachdenken we-we-we-wecke.

Bleibt wachsam für Or-Or-Or-Orte.

Doch was, wär' dies nicht die ganze Geschichte,
Herzen brechen unter schlechtem Gewicht,
Was wenn sie auch gerne Autos führen,
Was wenn sie auch gerne Rolex-Uhren spüren.

Dann ist gleich Chaos, ist gleich Korruption,
Ja, denn die Musik macht bekanntlich der Ton.
Und weil wir ja doch keine Unterschiede seh'n,
Schon gar keine machen, Grenzen verwehen.

Wir sammeln alte Kleidung für das kleine Mädchen,
Der schwarze Junge bekommt Peters altes Rädchen,
Und wir fühlen uns gut, und wir geben ja gerne,
Wir reichen die Hände aus sicherer Ferne.

Wir ihr so lä-lä-lä-lächelt,
Über das, was ich sa-sa-sa-sage,
Wie ein Hund he-he-he-hechelt,
Vorweihnachtliche Ta-Ta-Ta-Tage,

Wir fahren sogar noch hin und geben dort aus,
Wir suchen uns die kitschigsten Masken dort raus,
Wir kurbeln Tourismus und Wirtschaft an,
Ein mancher macht nebenbei ein paar Frauen an.

Doch trotzdem ist alles gefährlich und fremd,
„Dort zockt man dir sicher dein letztes Hemd",
Man hört auch, „Da sind sie nicht zimperlich,
Für eine Hand voll Dollar töten sie dich".

Und Ulrike, die Fleißigste aus ihrer Klasse,
Sie hält sich für mutig, sticht hervor aus der Masse,
Und fliegt in den Tschad, der Entwicklung zu helfen,
Sie wandern auf Staunen, diese weißen Elfen.

Wie ich Missstände be-be-benenne,
Das Thema lä-lä-lä-lähmt,
Von was rede, von dem ich auch was ke-ke-ke-kenne,
Egal wie, man sich schä-schä-schä-schämt.

Doch wenn Ulrikes Mama mit der Nachbarin spricht,
„In welchem Land ist sie noch?" „Ich weiß es nicht."
Wir lachen, wenn Amis Slowenien nicht kennen,
Und können in Afrika nur vier Staaten benennen.

Wir schmunzeln auch, wenn die Amerikaner,
Diese ignorantesten Weltenplaner,
Ihre wenig trennscharfen Linien zieh'n,
Doch Kongos Hauptstadt? Staatschef? Kennen wir ihn?

Afrika ist ja für manche ein Land,
Namibia und Südafrika noch grad so bekannt,
Aus Reportagen und eigenem Auslandsjahr,
Die Schneiders schräg gegenüber, „die waren letztes Jahr da".

Spürt ihr den kleinen Fi-Fi-Fi-Finger,
In der großen Wu-Wu-Wu-Wunde,
Bin kein Bildungs-bri-bri-bri-bringer,
Gereimte Nachhilfe-Stu-Stu-Stu-Stunde.

Es sind die Geschichten, die wir nach Hause tragen,
Mit Ausrufezeichen und vielen Fragen,
Die spinnen sich dann wieder eine eig'ne Geschichte,
Mit ganz viel Wildnis und manchmal auch Wüste.

„Mit diesen Autos beim Deutschen TÜV."
„Die Schere zwischen arm und reich sitzt dort tief."
Doch gibt es ein Ocker jenseits schwarz, braun und weiß,
Und der Äquator dreht unser Kalt und Heiß.

Weshalb man beim Reisen keine Stunde verliert,
Warum jede Generation and'res Elfenbein ziert,
Blutige Diamanten oder einfach nur Bilder,
Die Jäger sind ähnlich, nur sehr viel wilder.

Ich benutze nur Te-Te-Te-Texte,

Pflanze nur Wo-Wo-Wo-Worte,

Euch zum Nachdenken we-we-we-wecke.

Bleibt wachsam für Or-Or-Or-Orte.

Sinnkrise

Über 30 bin ich nun,
Keine Frage, lächle arg,
Gibt es doch noch viel zu tun,
Vor dem Weg ins feuchte Grab.

Wie auch jede dieser Phasen,
Uns`res Lebens, wunderschön,
Neue Jäger, neue Hasen,
Wie es wird, mag man nicht seh'n.

Doch der Abschied von der Jugend,
Dieser besten, jungen Zeit,
Von dem Wahnsinn hin zu Tugend,
Melancholisch` Traurigkeit.

Viele Jahre hat die Forschung,
Uns das allen eingebläut,
Das man sich, ganz ohne Wertung,
Für dies nicht und das nicht scheut.

Denn wir alle, so das Credo,
Anders, sind wir, allesamt,
Ich zwar schon, doch du da, ach nee du!
Individuell verdammt.

Und so sind wir alle viele,
Eingezwängt im engen Raum,
Gleiches Eis und viele Stiele,
Viele Wurzeln hat der Baum.

Wenn ich nämlich Zeitung lese,
Manches gut und vieles nicht,
Esse Wurst und auch gern Käse,
Mit vollem Munde spricht man nicht.

Hach, was hatten wir für Träume,
Wir war'n Helden, schaut uns an,
Beste Cappuccino-Schäume,
Klebten stets am Löffel dran.

Dieser Löffel, schnelle Pulse,
Bretter, die die Welt bedeuten,
Manchmal heavy, mal 'ne Schnulze,
Laut zum Feierabend läuten.

Diese Bässe, diese Glocken,
Wir beschwingt von Takt zu Takt,
Flacher Bauch, Haar voller Locken,
Wir am liebsten ständig nackt.

Wollten Sichten, Welten ändern,
Die Systeme kippen sehen,
Arbeit auch in fernen Ländern,
Und auf höchsten Gipfeln steh'n.

Reisen reisen, Menschen treffen,
Sprachen lernen *tralala*,
Wie die wilden Hunde kläffen,
Hedonismus, Jet-Set-Star.

Hui, was wollten wir so werden,
Astronaut und Polizist,
Oder Gärtner schönster Gärten,
Wo kein Bock der Gärtner ist.

Träumten gold'ne Schafe springend,
Über Hürden nur aus Geld,
Milch floss und den Honig singend,
Abfüll'n, dass er ewig hält.

Hätten Freunde, nur die besten,
Stets auf Yachten, tränken Becks,
Stargast auf New Yorker Festen,
Dort dann erstmal Model-Sex.

Trügen Anzug und Krawatten,
In den Größen X und S,
Hätten eig'nen Strand samt Matten,
Den ich täglich neu vermess'.

Ja, ich lese täglich Bücher,
Bilde mich und andere mit,
In dem Sakko farbig' Tücher,
Halte mich im Fitness fit.

Und ich schreibe auch mal Werke,
Über Kunst und Philosophie,
Kreativität sei meine Stärke,
Langeweile mocht' ich nie.

Abends dann samt Band zur Probe,
Spiele alles, kann es auch,
Lobt mich mehr als ich euch lobe,
Instrumententausch ist Brauch.

Ja, wieso ich alles spiele?
Flog mir alles leicht nur zu,
Wie ich die E-Gitarre fühle,
Leichtes Spiel, wie Blinde Kuh.

Nicht zuletzt bin ich erfolgreich,
einen Job so wie erdacht,
Mache Geld, so wie ein Ölscheich,
Dabei wird stets viel gelacht.

Viel zu tun, doch auch viel Freizeit,
Zeit genug für Frau und Kind,
Brauche ich dann doch mal Freiheit,
Weiß ich doch, wo Freunde sind.

Doch was stelle ich entsetzt nun,
Fest, wo ich im Safte steh,
Statt des Gockels bin ich ein Leg'huhn,
Seh' dem Dreh der Welt nur zu.

Diese kleine enge Wohnung,
In der trüben Straße da,
Passt zur Mini-Job-Entlohnung,
Im Sozialbau Schnäppchen-Star.

Ja, von wegen Sex und Frauen,
Keine Liebste, nicht mal schnell,
Alles nur im Fernsehen schauen,
Oftmals abends ins Bordell.

Auf der Arbeit, dann, als Pförtner,
Ist man freundlich, doch bestimmt,
Halblaut schimpfend, ja, das hört er,
Voller ich als man mich nimmt.

Arbeitsweg wie jeden Tag,
Hupen, meckern, schimpfen, fluchen,
Weil man Nachbars Hund nicht mag,
Stets das Überfahr'n versuchen.

Und man schlurft in die Kantine,
Essen ist doch immer gleich,
Passt die Mahlzeit zu der Miene,
Hauptsache das Fleisch ist weich.

Astronaut ist man nicht heute,
Und auch sonst nicht hoch hinaus,
Eher Teil der kleinen Leute,
Wenig Leber, sehr viel Laus.

Statt der Band ein Tonband nur,
Dass man auf dem Sperrmüll fand,
Dort fehlte schon die eine Spur,
Man es dann flink zusammenband.

Ähnlich wie die Brille eben,
Die mir letzte Woche brach,
Eine neue kann's erst geben,
Wenn ich im Lotto richtiglag.

Ja, jetzt sammel' ich die Flaschen,
Auch von Becks, ganz wie im Traum.
Doch statt in die schicken gold'nen Maschen,
Einer Yacht, im Kellerraum.

Auch die Reisen waren spärlich,
Dresden einmal, kurz mal Bonn,
Im Moment, da reicht's zu mehr nicht,
Bald mal Duisburg, schaff ich schon.

Also ruf' ich, also schrei' ich,
Träumet ruhig ihr armen Seelen,
Wie ihr's wollt, nein, nein, so wird's nicht.
Es wird euch an allem fehlen.

Ja, so rat' ich immer fort,
Arbeitet und lernt das Gammeln,
Denn die Yacht, sie ist kein Ort,
Für das ew'ge Flaschensammeln.

Viele Tunnel dauern ewig,

Nie wird Licht am Ende sein,

Dunkel viel und hell ist wenig,

Fast nur uns'res Smartphones Schein.

Schaut wie jeder Traum zerplatzt,

Ganz am Ende, kein Gemunkel,

Keine Taube und auch kein Spatz,

Nach dem Tunnel bleibt es dunkel.

2015

Der lieblose Roman

Peter ist ein Mann. Aber er mag auch Frauen. Sehr. Sogar lieber als Männer.

Peter geht jeden Sonntag in die Kirche. Zuerst in die katholische Kirche bei sich im Dorf um die Ecke. Er wohnt nämlich in einem sehr kleinen Dorf. Peter hat aber auch mal in einer großen Stadt gewohnt und fand es da auch wirklich prima. Nachdem Peter in der katholischen Kirche war, macht Peter natürlich eine Stippvisite bei der evangelischen, der lutherischen und der neuapostolischen Kirche. Er mag einfach die Vielfalt und die überall überaus netten Menschen. Für den Nachmittag hat er sich jetzt schon vorgenommen, noch eine Moschee, eine Synagoge und diesen neuen extravaganten Hindu Tempel im Nachbarort zu besuchen. Peter findet, dass alle auf ihre Weise die beste Religion ausüben, die es jeweils nur geben kann. Er würde überall Mitgliedschaften mit kleinen süßen Ausweiskärtchen beantragen, wenn es das dort geben würde.

Dann verschwindet Peter zunächst zum Mittagessen in ein italienisches Fast-Food-Restaurant. Natürlich ist Peter auch ein starker Befürworter von Slow Food und sehr gesundem veganen, vegetarischen, koscheren oder laktosefreiem Essen. Nur heute möchte er mal zu diesem Italiener. Aber so vielseitig wie Peter interessiert ist, könnte dieser Italiener natürlich auch genauso gut ein Türke oder Inder sein und Peter würde genauso gern einen Döner oder ein Curry bestellen, wie er nun eine Spaghetti Carbonara bei Pedro bestellt. Pedro könnte natürlich genauso gut Mario, Francesco oder Wolf-Dieter heißen. Peter hat da gar keine Präferenzen, was schöne Männernamen angeht. Zu seinen Nudeln ordert der gute Peter sich einen Rotwein. Er findet zwar, dass der besonders gut zu seinem Mahl passt, aber er ist zugleich natürlich ein großer Fan von Weiß- und Rosé-Wein. Zudem genießt Peter dann und wann auch mal ein schönes kühles oder warmes Bier. Das Bier schmeckt ihm wirklich am besten, wenn es ein billiges oder teures ist, aus einer Flasche oder Dose kommt oder gar frisch gezapft ist, aber mindestens genauso gern mag er es, wenn es mit einer fruchtigen Limonade versetzt ist oder gar keinen Alkohol hat. Er liebt es fast noch mehr, wenn es ein fruchtiger, alkoholfreier Limonaden-Bier Mix ist. Aber nur fast.

Er isst heute sehr langsam, er hat früher aber immer sehr schnell gegessen und er findet es auch voll ok, wenn andere eher so normal-schnell essen. Das gleiche gilt natürlich für die Menge. Er glaubt, dass er für seine Größe genau richtig viel isst, aber er hat vollstes Verständnis dafür, wenn andere zu viel essen oder auch viel zu wenig. Natürlich findet er einige ein wenig zu beleibt, aber dick würde er sie nie nennen und er jeder sollte ja eher nach seiner eigenen Façon glücklich werden. Auch bei sehr dünnen Menschen, die so wirken, als würden sie wirklich ungesund wenig essen, denen lächelt er im Bus liebevoll zu und bietet manchmal auch gern eins seiner Brötchen an. Er tut dies natürlich nicht um der anderen Person vor den Kopf zu stoßen oder sie kritisieren zu wollen. Er macht tut aus reiner Nächstenliebe und gibt deshalb auch gern mal eine Zuckerschnecke an einen etwas korpulenteren Mann ab. Die greifen dann zwar etwas gieriger zu, aber das findet er natürlich auch voll in Ordnung. „Lassen Sie es sich schmecken."

Peter wohnt jetzt zwar eher im Süden Deutschlands, aber gerade der Norden ist ja für die offene und freundliche Art bekannt, und über den Westen und den Osten gibt es ja eh nur Gutes zu berichten, denkt sich Peter. Er kann auch gar nicht verstehen, dass einige Leute überhaupt Unterscheide zwischen Menschen von unterschiedlichen Orten machen. Er selbst erkennt den Unterschied zwischen jemandem aus Cottbus und dem Kongo gar nicht. Manchmal merkt er, dass sich die Leute unterschiedlich kleiden, aber er vermutet, dass das mit ihrer kulturellen Identität zusammenhängt. Da Peter aber gelernt hat, die Kultur bei allen Menschen zu 200% zu respektieren, findet er eigentlich alle Kleidungsstücke und Stile ganz wunderbar. Er hat sich das mit den 200% Respekt sogar als ein DINA4 Poster ausgedruckt und an seinen Kühlschrank gepinnt. So etwas wird ja vielleicht allzu schnell mal vergessen.

So sitzt Peter also da bei Pedro und schaut aus dem Fenster. Ja, er isst heute mal ganz allein, aber das findet er genauso normal wie mit einer Partnerin oder einem Partner oder auch mal mit einer ganzen Großfamilie essen zu gehen. Allgemein versucht Peter seinen Freundeskreis so zu gestalten, dass Hetero-, Bi- und homosexuelle Paare genau gleichverteilt sind. Das glückte ihm endlich letzte Woche als er seinen Freund Markus davon überzeugen konnte, dass dieser sich Sex mit einem Mann durchaus vorstellen könne. Auf diese Dreiteilung ist Peter eigentlich sehr stolz, aber er findet es natürlich auch in Ordnung, wenn einzelne Menschen nur Hetero-, Homo- oder Bisexuelle Freunde haben. Das findet er zwar ein ganz wenig langweilig, aber jeder sollte sich das aussuchen dürfen. Ursprünglich hatte Peter vor, in seinem Freundeskreis auch eine Gleichverteilung bezüglich der sexuellen Vorlieben zu schaffen, aber Peter fand einfach nicht, genug Menschen die Nekrophilie unterstützten, Geschlechtsverkehr mit blonden Seniorinnen frönten oder aktiv Sodomie praktizierten. Peter mag Tiere auch total gerne und findet übrigens auch, dass man pflanzen- und tierfreundlich durch die Welt gehen sollte. Bei Sodomie hatte Peter als den ersten wirklichen Interessenskonflikt. Das liegt nun schon ein paar Jahre zurück. Peter ging damals nach Indien zu einem Guru namens Osho, um sich darüber Gedanken zu machen. Peter findet es übrigens vollkommen in Ordnung, wenn jemand Spiritualitäten und Indien und solche Dinge doof findet. Peter hat dafür auch vollstes Verständnis.

Nach dem Indienaufenthalt war für Peter also klar, dass ihm ein respektvolles Verständnis für anderen Menschen wichtiger ist als für Fiffi und Waldi. Bevor sich ein Hundebesitzer auf die Hundeleine getreten fühlt: Die meisten anderen Hundenamen findet Peter übrigens auch total liebenswert und niedlich.

„Eigentlich ist meine Leben doch perfekt", sinniert Peter gerade über den Spaghetti Carbonara. Doch ihm plagt seit einigen Tagen ein vertracktes Dilemma:

Da war das Ding mit Greenpeace. Ursprünglich wollte er Greenpeace auch mögen. „Toleranz, jeder kann's". Diesen Spruch wollte sich Peter bereits vor einem Jahr patentieren lassen. Er hatte schon ein DinA4 Plakat für den Kühlschrank gedruckt. Und eins fürs Patentamt. Der Slogan war aber schon vergeben. Das war von Greenpeace. Peter hatte Verständnis. Doch weil sich Greenpeace ja eher für Fiffi und Waldi einsetzt, statt für an Sodomie interessierte Mitbürger, hatte er kurz so etwas wie kognitive Dissonanz empfunden. Irritation also. Doch nein, er mochte die Leute von Greenpeace dennoch. Er hatte natürlich auch Verständnis für jene Menschen, die Öl in die Weltmeere pumpten. Aber bei Industrie- und Wirtschaftsfragen kannte er sich auch nicht so aus. Als er in der Schule immer so viel Ethik lernte, war Betriebswirtschaft ein wenig hintenübergefallen.

Peter hatte ja auch schon oft Verständnis für Feministinnen und Machos, das war ein ewiges Leid, wo er ständig versucht zu vermitteln, denn Frauen gehörten genauso in Führungspositionen wie chauvinistische Monster, die ständig Blondinen-Witze erzählen. Er lachte natürlich üblicherweise nicht mit, obwohl ca. 1/4 seines Haupthaares auch blond war, aber er fand es schwierig, es in dieser Situation richtig zu machen.

Er hatte mittlerweile aufgegessen. Die Nudeln waren etwas kalt gewesen und die Soße zu sahnig. Aber kalte Nudeln fand er mindestens genauso gut wie heiße und lauwarme. Und an Sahne konnte man auch weder zu viel noch zu wenig nehmen, fand er. Paul schmeckte es immer. Er verließ das Restaurant und stieg auf sein Fahrrad. Ihm lagen aber Autofahrer und Fußgänger ebenso am Herzen. Jetzt ging es zu Moschee. Peter war mit sich im Reinen.

Jeder so wertvoll wie ein kleines Steak

Besonders sind wir alle,

Ganz einzigartig,

Glänzende Brosche mit Schnalle,

Auf Lobhymnen wart ich.

Jeder kann heute alles erreichen,

Man muss es nur wollen,

Zügig gehen statt langsam schleichen,

Und stets in die Vollen.

So wie die Journale und Zeitschriften raten,

Was man tun sollte,

Von Reichtum und Wohlstand im paradiesischen Garten,

Als ob man das wollte.

Doch wenn wir alle, alles bekämen,

Was wäre dann los?

Dann müsste sich nie wer mehr für etwas schämen,

Die Freude wär' groß.

Doch braucht es nicht wirklich im Allgemeinen,

Den der zu viel für das Haus bezahlt,

Denn auch für den schlechten Job braucht es einen,

Und einen, der die billigen Bilder malt.

So sollte es doch einen Zeitschriftmarkt für sie geben,
All die Loser da draußen,
Die den Himmel stützen und Sicherheit geben,
Jene am Paradiestor außen.

Es muss einen geben, der den Job nicht kriegt,
Den wir dann erringen,
Und nur wenn ein schlechter Kollege rausfliegt,
Kann man Bestleistung bringen.

Nur wenn es Annoncen gibt in den Blättern,
Mit Messie Grundstücken,
Erst dann kann man gegen sie wettern,
Dann kann mein Verkauf glücken.

Wenn ich viele Abwärtsvergleiche mache,
Dann fühl' ich mich gut,
Erst wenn ich über anderer Traurigkeit lache,
Erblüht mein Lebensmut.

Denn sind wir mal ehrlich, wär'n wir alle reich,
Was wäre das schad',
Dann wären alle Häuser und Autos alle gleich,
Unsere Zeit erschien fad.

Also ihr Tellerwäscher da draußen,
Wascht bloß weiter Teller,
Es gibt kein Innen ohne ein Außen,
Millionär werde ich dann schneller.

Also helfe ich Dir nicht bei Bewerbungssachen,
Scheiter doch ganz allein,
Vielleicht würd' ich den Job ja auch mal gern machen,
Dann käm' ich nicht rein.

Du hättest dann schon dort abgerockt,
Und säßest fest im Amt,
Nahmst meine Bewerbungshilfe völlig abgezockt,
Quelle und Autor unbekannt.

Doch gut, dass das viele nicht soweit denken,
Ich allein daraus Vorteile heg' ,
Dass alle allen gerne Ratschläge schenken,
Denn jeder ist so wertvoll wie ein kleines Steak.

Horror movies and real people

Es gibt sie wirklich, die Geister.

Was sie wollen, ist dass ihr schaut,

Im Gruselfilm schreit sich die blonde Frau heiser,

Weil sie sich auf den Dachboden traut.

Es knarrt des Nachtens im ersten Stock,

Doch hier unten hat Clara das Fernsehen laut,

Sie würde nachseh'n, hat aber wenig Bock,

Weil sie Dschungelcamp mit ihrer Freundin schaut.

Doch es gibt sie wirklich, die Geister.

Und was sie wollen, ist dass ihr schaut,

Im Gruselfilm schreit sich die brünette Frau heiser,

Weil sie sich in den Schuppen traut.

Ulf wacht schweißgebadet auf,

Ist ihm da wirklich die Oma erschienen,

Nein, er ist ja heute auf Drogen drauf,

Da sieht er mal Punkte, mal Omas, mal Bienen.

Doch es gibt sie wirklich, die Geister.

Und was sie wollen, ist dass ihr schaut,

Im Gruselfilm schreit sich der Teenager heiser,

Weil er sich hinter den Vorhang traut.

Michael spielt auf der Straße mit Freunden,
Ein Clown mit Fratze taucht plötzlich auf,
Das ist der gleiche wie in seinen Träumen,
Die Jungs schlagen auf ihn mit Schlagstöcken drauf.

Doch es gibt sie wirklich, die Geister.
Und was sie wollen, ist dass ihr schaut,
Im Gruselfilm schreit sich die Rentnerin heiser,
Weil sie sich zu einem Medium traut.

Cornelias Haus, das macht so Geräusche,
Ein Kratzen, ein Knarren, jede Nacht,
„Ach wenn ich mich da nicht so richtig täusche,
dann macht der Manfred von drüben den Krach.“

Doch es gibt sie wirklich, die Geister.
Und was sie wollen, ist dass ihr schaut,
Im Gruselfilm schreit sich das Baby heiser,
Während Mama sich in den Garten traut.

Im Swimming-Pool, da ist doch wer,
Es brodelt, dampft, gibt keine Ruh
Das junge Paar, das pumpt ihn leer,
Und deckt das leere Becken zu.

Doch es gibt sie wirklich, die Geister.

Und was sie wollen, ist dass ihr schaut,

In Gruselfilmen sind die Menschen viel weiser,

Und machen sich mit jedem Spuk vertraut.

Ein Ungeheuer knurrt im Sumpf,

Ein Bellen, Beißen und ein Lecken,

„Das ist ein Köter" ruft man dumpf.

„Der soll dort draußen doch verrecken."

Doch es gibt sie wirklich, die Geister.

Und was sie wollen, ist dass ihr schaut,

In Gruselfilmen finden die Menschen Ihre Meister,

Da gibt es immer einen, der um die Ecke schaut.

Ein UFO gleitet lautlos nieder,

Die Nachbarschaft wird grell ins Licht getüncht,

Da leuchtet hell die Sternschnuppe wieder,

Hast Du dir auch etwas gewünscht?

Doch es gibt sie wirklich, die Geister.

Und was sie wirklich wollen, ist dass ihr schaut,

Alle Lügen werden sicher bald leiser,

Wenn ihr euch auch mal auf den Dachboden traut.

Kultur ist Geldverschwendung, sagen viele

Diesen Text sollte man besonders langsam lesen. Das ist er wert. Jedes Wort. Jede Sekunde. Dieses Buch kostet Sie etwa 19 Euro. Ich mache mir nicht die Mühe, die geizkragigen „Leihst-Du-es-mir-mal-aus"-Leser extra aufzuführen. Ich hoffe ihr habt die 15 Euro für etwas Besseres, Nachhaltigeres investiert wie etwa einem Menü für zwei bei McDonalds oder einen Kaffeebecher von Butlers.

Dies sind etwa 100 Seiten. Das bedeutet, jede Seite kostet etwa 19 Cent. Dieser Text kostet genau 56 Cent. Da der Text etwa 950 Worte und 89 Zeilen hat, kostet sie etwa jede Zeile 0,63 Cent. Alle 3 Zeilen nehme ich Ihnen allen also einen Cent aus dem Portemonnaie. Wie schnell Ihnen dieses Geld nun wirklich durch die Hände gleitet, werde ich Ihnen flux demonstrieren.

1

2

Pling! Ha.

Ja, wie würde ich das Geld für diesen Text denn sonst anlegen, fragen Sie sich vielleicht. Ich will Ihnen da mal eine kleine Hilfestellung geben. Für diese 56 Cent könnten Sie zum Beispiel zuhause fast 29mal das Klo abspülen. 2 Cent kostet es dort je 9 Liter Wasser abzuspülen. Das meint das große Spülen, fürs große Geschäft. Das ist aber noch lange nicht alles: Wenn Sie kalt duschen, können sie sich von diesen 56 Cent, den dieser Text verschlingt, auch fast 14 Minuten unter ihrer Brause stehen. Spannend daran ist, dass das Abwasser, das beim Duschen entsteht sogar leicht teurer ist, als das Wasser was aus der Leitung kommt. Das sollte uns in unserer Gesellschaft heute wirklich mal zu denken geben. Um warm zu duschen benötigen sie leider schon 1,10 Euro, das gleiche Geld verschwenden sie hier erst, wenn noch ein weiterer Text von Ihnen gelesen wurde. Gut, Sie lesen also lieber als zu duschen. Das freut mich.

Die Dekadenten unter Ihnen baden sicher lieber. Eine gewöhnliche Badewanne fasst etwa 150 Liter Wasser. Damit kostet ein durchschnittliches Bad 1,80 €. Und das Geld dafür, also diese gut 9 Seiten Text, sind sicher schon drei ganze Texte aus diesem Buch. Ha.

1

2

Pling! Ha.

Wenn sie ganz durchschnittlich mit Öl heizen, dann kostet ein Tag Wärme etwa 65 Cent. Dieses Buch hat Ihnen also gerade 23 Tage Wärme gestohlen. Das ist bei dem Mistwetter der letzten Wochen durchaus beachtlich. Ich sage Danke. Für die besprochenen 56 Cent, die dieser Text kostet, könnten sie Ihre komplette Wohnung mit einem 2000 Watt-Staubsauger staubsaugen oder zwei Stunden mit 75 Watt Normallampen ihre Wohnung beleuchten. Chance vertan. Es ist duster zuhause. Die Einbrecher stehen schon in den Startlöchern.

Oder haben Sie vielleicht Hunger? Na dachte ich mir das doch. Die Toastscheiben werden sie in Zukunft ungetoastet essen müssen. Für jede gelesene Seite hätten Sie zuhause auch ein golden getoastetes Weißbrot genießen können. Aber das müssen Sie sich nun vom Mund absparen. Ein Auflauf in einem Standard Herd kostet gar 32 Cent. In ihrem weiteren Leben werden Sie also etwa 31 Lasagnen weniger essen müssen, weil Sie dieses Buch gekauft haben. Ja, sie denken, sie könnten sich ein schönes Brot mit Butter und Käset stattdessen machen. Pustekuchen. Seit dem Beginn dieses Buches habe ich etwa den Tagesverbrauch ihres Kühlschranks verschrieben. Samt Gefrierfach sind das etwa 14 Cent. Der ist jetzt aus. Sie können alle Lebensmittel nachher getrost wegwerfen. Kühlkette unterbrochen. Ha. Sie können sich die Zahnpflege nach dem Essen eh nicht mehr leisten. 17 Cent unter warmen Wasser kostet das. Aber dieses Buch wird Ihre Zähne kosten. 58-mal Zähneputzen konnten wir ihnen abkungeln. Das nächste Buch werden Sie nur noch mit Stümpfen kaufen kommen und froh sein, dass es eh nichts zu essen, sondern nur Flüssiges gibt. Kommen wir nun zu den wirklich wichtigen Alternativangeboten zu diesem Büchlein hier. Eine Stunde an dem

heimischen PC kostet je nachdem ob sie Kochrezepte googlen oder
Monster in Online-Spielen umbringen zwischen 3 und 8 Cent. 125
Stunden wildes Gezocke hätten sie sich also statt dieses Literatur-
Meisterwerks leisten können. Das tut weh im Herzen, oder? Oder
der Abendfilm am Mittwoch. Wurde Ihnen das Buch geschenkt, ja?
Hätten Sie lieber Rosamunde Pilcher angesehen oder Bauer sucht
Frau? Tatsächlich hätte sie das Ganze nur etwa 6 Cent gekostet. Ge-
setz dem Fall sie haben einen LCD Fernsehgerät. Von 6 Cent bis zu
10 Euro für 120 Minuten Spaß muss eine Oma auch in Luxemburg
lange, lange stricken. Der einzige Unterschied ist, dass dieses Buch
werbefrei ist.

Gut, aber nun haben Sie das Buch ja, da will ich sie auch nicht mit
solchen Milchmädchenrechnungen langweilen. Ihre Kleidung sieht
auch noch ganz ok aus. Zwischen 10 und 15 Waschgängen weniger
können Sie nämlich machen, nachdem Sie dieses Buch erwarben.
Von einem Trockner gar nicht zu sprechen. Den können sich nur
jene leisten, die gar keine Bücher kaufen um Geld für Kultur aus
dem Fenster zu pfeffern. Und denken Sie neben all den laufenden
Kosten ruhig mal an die vertane Chance das Geld festzulegen in
Wertpapiere und Devisen. Sie hätten jetzt schon fast eine Reise nach
Cap Dácte zusammen. Und dann noch die Lebenszeit, die sie beim
Lesen vergeudet haben. Aber das würde jetzt zu weit führen. Ich
möchte ja, dass die anderen Texte Ihnen auch noch den ein oder anderen Euro aus den Rippen leiern. Aber einmal noch:

1

2

3

4

5

6

7

Pling

Doktor und Würde – Über das Nachsprechen und Nachsagen

In Zeiten in denen ein ganzes Dutzend deutscher Politiker öffentlich in Verruf stehen, in ihren Doktorarbeiten abgeschrieben zu haben, halte ich es für sinnvoll und sinnstiftend eine kurze Geschichte zu erzählen. Vielleicht über das Thema Urheberrecht und Gedankenklau.

In der Bäckerei. Das da vorne ist Ralf Ralonski. Er wohnt gegenüber mit seiner Frau in einer schmucken Einzimmerwohnung. Er ist eine wahre Frohnatur, doch beileibe kein Albert Einstein. Wir kennen uns auch nicht näher, doch ich treffe ihn regelmäßig bei meinem Bäcker. Herr Ralonski gibt sich stets mit einer großen Tüte von normalen Brötchen zufrieden. Herr Ralonski dreht jeden Taler um, wie er sagt. Diese Tüte Brötchen kann er in einem permanenten Angebot 10 Brötchen für 1 Euro erwerben. Das Angebot wird jeden Tag angepriesen mit „Nur heute!" Der Werbungsbetrug hat selbst in den kleinsten Bäckereien der kleinsten Städte Einzug gehalten. Im Gegensatz zu Herrn Ralonski wähle ich meiste die moderneren, hipperen, urbaneren Brötchen. Damit meine ich üblicherweise zwei Dinkelhörnchen mit 82% Vollkornmehl, ein Knusperstern mit Mohnschroth und dreimal das Kornkrüstchen, bei dem die Bestandteile und Zutaten als besonderes Gimmick auf einem kleinen Zettel stehen. Dieser Zettel aus bräunlich-gelben, recyceltem Papier wird nach dem Kauf der Brötchentüte beigegeben. Auf diesem DIN A8-Zettel befindet sich der Hinweis, dass man beim nächsten Besuch der Bäckereikette BIO Fritsche diesen Zettel doch bitte wieder zurückgeben sollte. Bei BIO Fritsche steht zu jenem Zweck sogar extra ein kleines Bast-Schälchen auf dem Tresen. Frau Judelak, die mir scheint einzige, freundliche Bäckereifachverkäuferin mit den hochroten Wangen und den abgebissenen Fingernägeln hatte daran noch ein kleines Zettelchen mit etwas Tesa befestigt. Darauf las sich: „Fritsches Beitrag für unseren Planeten, danke." Diesen Zettel wiederzuverwerten würde die Umwelt schonen und der Recyclingkette einen „persönlichen Spin" geben. So formuliert das BIO Fritsche. Nicht etwa jedoch auf seiner Website, sondern auf einem liebevoll selbst geschriebenen Aufsteller draußen vor der Tür.

Einst, nach einer durchzechten Nacht mit Freunden hatte ich den Zettel nicht beachtet und nachdem sich meine Übernachtungsgäste gierig auf die von mir beschaffte Brötchentüte gestürzt hatten, war der Zettel über und über mit Butter und Nutella-Flecken beschmiert. Zudem hatte er längere Zeit auf der Salami und unter der Teewurst verbracht. Er war kaum mehr lesbar. Einzig die Worte Weizenmehl Type 550* und Roggenbackschrot*, jeweils mit Sternchen, sowie die Sternchenerklärung am Ende des Zettels waren von einem Freund lachend der Frühstücksrunde zum Besten gegeben worden: „* aus ökologischem Anbau (DE-ÖKO-006)" Erst neulich lernte ich, dass auf der Rückseite des Beipackzettels auch die Allergene angegeben waren. Eine wahre Hilfe für jene, die auf Weizen, Roggen oder Sesam allergisch sein mochten. Um der Recyclingkette mit dem persönlichen Spin aber nicht im Wege zu stehen, hatte ich den befleckten Zettel damals aber feinsäuberlich glattgestrichen und von allem Unrat befreit. Dennoch wirkte er durch das Nutella und die Fettflecken wie von Jugendlichen geschändet. Nichtsdestotrotz hatte Frau Judelak meinen Zettel, kurz nachdem ich ihn unter Scham in besagtes Bastkörbchen gelegt hatte, wieder herausgezogen, kurz angesehen, und liebevoll in die volle Tüte von einen kleinen Jungen gelegt, der anscheinend für seine Sippe auch Kornkrüstchen mitbringen sollte. Seitdem hoffe ich bei jedem Kauf auf den Teewurst-Zettel stärker als ich früher auf Figuren im Überraschungs-Ei hoffte. Bislang wurde ich jedoch stets enttäuscht.

Ralf Ralonski traf ich also an diesem Tag wieder beim Bäcker. Er und Frau Judelak waren sich nicht so recht grün. Ich war lange Zeit zuvor mal Zeuge gewesen von einem Streit wegen 2 Cent, die Herr Ralonski wohl auf den Tresen, nicht aber in das kleine Plastikschälchen dort gelegt hatte und die sich nun nicht mehr finden ließen. Da Herr Ralonski aber sein Geld stets Cent genau abgezählt in seinem blauen Brustbeutel mitbrachte, standen die beiden hier vor einem zunächst unlösbaren Problem. Eine ältere Dame, Frau Kabello, die hinter Herrn Ralonski wartete, hatte damals geschlichtet und Herrn

Ralonski anschließend aus ihrer beigen, großen Geldbörse eine geeignete Münze heraussuchen lassen. Die ältere Dame war durchaus in der Lage, das innere Ihres Portemonnaies zu überblicken, hatte es aber seit dem Renteneintritt für gut befunden, sich weniger rüstig, flexibel und schlau darstellen als sie es eigentlich war. Ihre Strategie, dadurch im Alltag überhaupt noch mit anderen Menschen in Kontakt zu treten, schien immer wieder aufzugehen. Nur selten wenn die üblicherweise folgenden Nachfragen von Frau Kabello kamen, wie man denn das Wetter vertrage, oder wie es der Partnerin oder dem Partner gehe, durchschauten die meisten Angesprochenen ihren perfiden Plan. Frau Kabello machte sich hier die einfachen Regeln der Reziprozitätsnorm zunutze. Diese besagt im Grunde zweierlei: 1. Derjenige, dem ich bereits einen großen Gefallen getan hat (nämlich zum Beispiel in meinem stark verschmutzen und überfüllten Geldbeutel nach einer geeigneten Münze zu suchen), der kann mir im Umkehrschluss einen kleinen Gegengefallen (nämlich einen ausführlichen Schwatz mit Hölzchen auf Stöckchen zu führen) kaum verwehren. Und 2. galt zudem, dass uns soziale Normen dazu treiben, auf eine Freundlichkeit (Frau Kabello Nachfragen waren stets in süßeste Töne gehüllt), mit einer weiteren Freundlichkeit zu reagieren. Eine Antwort war die mindeste Freundlichkeit, die man geben konnte, aber gefangen wie das Insekt in einem Spinnennetz hatte Frau Kabello oft nur Fragen parat, denen man nicht ohne eine ausholende Antwort begegnen konnte. So fragte sie gern dann und wann, was man denn beispielsweise wohl tun würde, wenn man selbst Bundeskanzler und Bundeskanzlerin sei und die Flüchtlingsströme kein Ende nähmen. Sie tat dies stets mit einem unschuldigen, fast schüchternen Blick nicht ohne sich zuvor aber stets vergewissert zu haben, dass die Frage in einer Lautstärke geäußert würde, dass die Umstehenden sich allesamt gespannt auf eine ausführliche, gebildete und angemessene Antwort freuen konnten. Von ihrer Tochter, einer angesehenen Psychotherapeutin im Nebenort, hatte sie anscheinend gelernt, dass die ungünstigsten Fragen stets die geschlossenen Fragen sind. Ein Ja oder Nein als Antwort war weder für eine Therapeutin noch für eine gelangweilte Rentnerin mit Zeitressourcen eine gute Basis um das Gegenüber angemessen zu explorieren.

Herr Ralonski und Frau Kabello sind trotz Ihrer gemeinsamen Vorliebe der Bäckerei Fritsch zwei sehr unterschiedliche Charaktere. Da BIO Fritsch die einzige Bäckerei in der Nachbarschaft ist, treffen die beiden häufig, sicher oft auch ohne mein Beisein, aufeinander. Frau Kabello hatte einmal, wohl zu Beginn ihrer Bekanntschaft, Herrn Ralonski gefragt, was seine Frau denn arbeite. Dieser hatte sich umgeschaut, ob das anwesende Publikum auch einen gut getarnten Kalauer goutieren würde und hatte nuschelnd geantwortet: „Ach nichts, sie ist nur Hausfrau und Nutte." Frau Kabello hatte, anders als andere senile Rentner, dem Spaß durchaus etwas abgewinnen können. Da sie aber sehr wohl die für sie vorgesehene Rolle in der Gesellschaft kannte und auch längst angenommen hatte, legte sie ein entsetztes Gesicht auf, hielt die Hand vor den geöffneten Mund und wendete sich kopfschüttelnd von Herrn Ralonski ab. In der Nachschau mit ihrer Perser-Katze kam Frau Kabello der Teil mit der Hand vor dem Mund dann doch etwas überspielt vor, das würde sie beim nächsten Mal wohl besser weglassen. Herr Ralonski hatte dagegen zu seinem Ärger festgestellt, dass auch weder Frau Judelak noch ich in schallendes Gelächter übergegangen waren. Auch wir kannten unsere Rollen recht gut. Mit geöffneten Augen schauten wir uns kurz an, um dann unseren Geschäften nachzugehen. Ich kramte im Beutel nach meinem Fahrradschlüssel, Frau Judelak richtete die leicht asymmetrisch liegenden BIO-Zuckerhörnchen. In meinem Ansehen war Herr Ralonski an diesem Tag jedoch etwas gestiegen. Er hatte uns überrascht. Und das war in einer Bäckerei an einem Samstagmorgen nun durchaus beachtlich. Seit diesem Tag hatte sich Frau Kabello aber mehr auf andere Kunden gestürzt, um das wochenendliche Palaver zu beginnen. Gern hätte sie Herrn Ralonskis neusten Unflätigkeiten mal wieder erkundet, zu unsicher aber war sie sich, ob nicht der nächste Versuch, mit ihm zu sprechen, etwas auch für sie Peinliches beinhalten konnte. Sie spielte also auf Sicherheit und würdigte ihn seit diesem Tag kaum eines Blickes. Ach ja, ich wollte diese Geschichte ja nutzen, um etwas über die Plagiatsfälle der letzten Tage und Monate zu schreiben. Ich war leicht abgeschweift. Das gestaltet sich folgendermaßen: Wenn Sie nun morgen früh Ihren Arbeitskollegen oder Ihrem Schwippschwager davon erzählen, wie schön dieses Buch ist und welche traumhafte Poesie sie entdeckt haben, dann ist das im Sinne eines Plagiats vollkommen unbedenklich. Auch die Begriffe DINA8 Zettelchen oder Weizenmehl Type 55 sind selbstverständlich vollkommen straffrei wiedergebbar. Selbst wenn Sie meinen Namen oder die von Herrn Ralonski, Frau Kabello oder Frau Judelak in Ihre Erzählung einfließen lassen, würd' Ihnen noch nichts aberkannt. Sollte es aber nun so sein, dass diese Geschichte sie inspiriert haben sollte, einen Roman oder gar eine Doktorarbeit zu schreiben, dann wäre es schon schön, wenn sie vor der Weiterstrickung dieser lust`gen Bäckereigeschichte oder vor der wissenschaftlichen Beschäftigung mit dem Humor von Herrn Ralonski ganz kurz mit mir Kontakt aufnehmen, um die Charaktere zu loben und mit mir ihre Pläne zu teilen. Eine namentliche Nennung oder gar Zitierung ist in diesem Fall dennoch übertrieben. Eine kurze Erwähnung im Vor- oder Nachwort wäre natürlich durchaus gern gesehen. Sollten Sie aber überdies nun im Sinne haben, meine Geschichte von mir zu erhalten, in dem Sie mir unter Vorwand geheuchelten Interesses eine Mail schreiben in der Sie um ein PDF bäten, um meine Berichterstattung dann als Start- oder gar Endpunkt der eigenen Schreiberei zu nutzen, dann wäre dies nur dann rechtens, wenn Frau Kabello, Frau Judelak, Herr Ralonski und ich explizit als Quellen für diese Worte aufgeführt wären. Ich sehe was sie denken: Frau Kabello zu einer Frau Schmidt zu machen, reicht in diesem Fall leider nicht. Auch die Bäckerei zu einer Metzgerei zu machen oder Herrn Ralonskis Witz in eine jugendfreie Version abzuwandeln, würde sie nicht befreien vom Vorwurf der Plagiate. Denken Sie daran, wenn die nächste Doktorarbeit in Frage gestellt wird. Diese Person steht im übertragenen Sinne in Verdacht, eine Frau Kabello, eine Frau Judelak und einen Herrn Ralonski einfach in dieselbe Bäckerei geschickt zu haben, in der sie sich bereits in der Geschichte eines anderen neckten. Verständlich und nachvollziehbar ist ein solches Abschreiben natürlich allemal, denn alle drei sind hervorragend ausgestaltete Romanfiguren und Protagonisten, aber erlaubt ist es leider nicht.

Models, die den Fotografen fotografieren

Models, die den Fotografen fotografieren: „Knie dich mal hin, ja und nun knie ganz locker, lass den anderen Arm hängen, ja genauso. Nimm die Kamera vor das Gesicht, ja genau, so bleiben. Das sieht toll aus. Ok, und nun räkele dich mal mit dem Auslöser dort am Boden, ja, setz die Brille etwas auf die Nase, Tu so, als würdest Du Posen vormachen, als würdest du gestikulieren. Ja, weiter genau, noch ein paar Schüsse, ja das ist genial so. Jetzt halt dich mal an der Blende fest, nutz das Oberlicht, ja, genau, die Kamera vor die Brust, die Lippen geschürzt, so als würdest du Anweisungen rufen, ja genau! Super.“

Kinder, die den Lehrer unterrichten: „Fragen Sie am besten mal nach der französischen Revolution. Genau so, ja aber freundlicher, machen sie nicht so viel Druck, versuchen sie niemanden, aufstehen zu lassen. Das macht Angst und dann kriegt man nicht so viel Sinnvolles raus, Herr Lehrer. Fassen sie uns doch am besten Abschnitte erst mal ein wenig zusammen, bevor sie dazu Fragen stellen, nicht alle haben den Text wirklich für heute gelesen, gestern war doch das Länderspiel. Versuchen sie die Tafel so zu nutzen, dass wir auch später noch verstehen, was sie damit genau gemeint haben, Stichworte ohne Überschriften zu sammeln hat bei uns keinen bleibenden Eindruck hinterlassen. Am besten sagen sie uns die Noten immer direkt nach jeder Stunde, dann weiß man nicht nur, ob man sich genügend angestrengt hat, sondern auch wo man gerade so steht. Gucken sie nicht so streng, wenn sie die Namen aus dem Klassenbuch vorlesen. Ja, genau so. etwas lächeln. Nicht so viel. Wir nehmen sie sonst nicht ernst.“

Modertoren, die das Fernsehpublikum ansehen: „Nun machen sie da doch mal irgendwas. Sie sitzen nun schon seit Stunden auf dieser Couch und stopfen Chips in sich rein. Sie kratzen sich am Po und legen sich unter eine Decke, die voll ist mit Katzenhaaren. Sowas will doch heutzutage niemand sehen. Das ist ja furchtbar langweilig. Ja, genau, stehen sie mal auf, erzeugen sie mal Spannung. Genau, sie sind jetzt in er Küche, oder? Ich sehe Sie ja nicht, aber wenn ihre Wohnung so aufgebaut ist, wie ich vermute, dann ist da die Küche. Was tun sie dort denn? Oh, ich bin gespannt. Oh nein, sie haben sich nur eine Cola geholt. Wie furchtbar, ich schalte weg."

Rentner, die die Schwestern pflegen: „Na, haben Sie ihre Pillen auch wirklich alle genommen? Wie, Sie brauchen gar keine Medikamente? Das steht aber leider so hier auf Ihrem Rezept und dann werden Sie die auch schön nehmen. Ich weiß, dass Sie jetzt lieber mit den anderen unten im Gesellschaftsraum sitzen würden, aber man kann nicht alles haben, Sie blieben jetzt erstmal hier auf ihrem kleinen Doppelzimmer und schlafen ein wenig. Sie haben ja auch schon den ganzen Tag herumgezappelt, immer mit den weißen Klamotten auf und ablaufen. Das macht doch sicher auch müde. Heute Abend, da können Sie sich schon freuen, gibt es wieder diesen Klotzkäse. Ach, den mögen Sie nicht? Ja, da kann man nichts machen, morgen gibt es ja wieder das Süppchen, meine Liebe."

Hunde, die ihre Halter belehren: „Nun, geh endlich raus mit mir. Ja, das hast Du fein gemacht. Hier ist Dein Leckerli, Ein Mon Cherie, das magst Du doch, oder? Ja, mein Dicker, das ist genau das richtige für Dich. Hier lass mich Deinen Bauch nochmal streicheln. Ja, Du bist aber ganz schön dick geworden, mein Kleiner. Wir sollten mit Dir mal wieder ein bisschen rausgehen. Ja, wo ist denn dein Ipad, ja wo ist es denn? Ja, such! Ach, wie er durch die Wohnung läuft, einfach goldig. Hast Du da gerade im Bad wieder im Stehen gepinkelt? Und alles nass gemacht. Böser Manfred, böser! Setz Dich da in die Ecke. Da wo kein Internet ist. Ja, Du musst gar nicht so gucken. Heute wird das für Dich nichts mehr mit der Schmierwurst. Wäre ja noch schöner."

Bahnfahrer, die Kontrolleur kontrollieren: „Schönen guten Tag, die Ausweise bitte? Ach, Sie haben ihren Deutsche-Bahn-Ausweis nicht dabei, nein? Dann muss ich Sie leider bitte am nächsten Haltepunkt auszusteigen. Und ihre Karre mit den überteuerten Kaltgetränken und Snacks können sie gleich mitnehmen. Nein, sie können keine Durchsage mehr machen. Sie können natürlich auch bei mir einen provisorischen Ausweis nachlösen. Ja, das kostet natürlich mehr als am Automaten, ja. Ach, jetzt auch noch frech werden. Nehmen Sie ihre Füße da mal runter. Wäre ja noch schöner. Sie steigen hier aus. Los jetzt."

Wo ich an dich denke

Auf einem Abziehbild,
In einer Packung drin,
Sie ist nur halb gefüllt,
So wie die alle sind,

In einer Kinderhand,
An einem Kinderarm,
Links ist der Schutzverband,
Der letzten Dienstag kam.

Auf einer Spielplatz-Bank,
Und darauf recht zentral,
An einem leichten Hang,
Vor einem Kriegsdenkmal.

In einer Gartenstadt,
Alles grün so schön,
Das Land herum ist platt,
Man kann gut Radfahr'n gehen.

Nebst einer Autobahn,
Man kann sie hier gut hör'n,
Man hört wie schnell sie fahr'n,
Wie sie die Vögel stör'n.

Von diesem Abziehbild,
Der schönste Ort für mich,
Ich wäre so erfüllt.
Ich denke nur an dich.

In einem Bierlokal,
An einem Platensee,
An einem Einzeltisch,
Tun mir die Füße weh.

Alleine denke ich,
Alleine sitz ich hier,
Höre die Musik fast nicht,
Ganz ohne Schaum mein Bier.

Die Dame drüben dort,
Sie schaut so müde drein,
Sie wünscht sich selber fort,
Und will woanders sein.

Sie nippt an ihrem Wein,
So trocken ist er nicht,
Er könnte rosé sein,
Es fällt so schlecht das Licht.

Der Kellner wippt im Takt,
Von einem Disco Hit,
Die Barfrau ist halbnackt,
Sie schunkelt lächelnd mit.

In diesem Bierlokal,
Der schönste Ort für mich,
Das Licht, es leuchtet fahl,
Ich denke nur an dich.

Ich schau ins weite rund,
Ich sehe alle an,
Ein Lächeln auf dem Mund,
Was Heimat alles kann.

Im Eck da wird geschrien,
Es fliegen Karten wild,
Nicht nur die Stirne flieh 'n,
Wie auf dem Abziehbild.

Der Raucht er hüllt uns ein,
Ganz sachte, lautlos nur,
Es könnte wärmer sein,
Zieht eisig kalt vom Flur.

Der Gang geht hinten ab,
Er führt vorbei am Klo,
Riecht nach Urin und Lack,
Hier riecht es immer so.

Ich ordre noch ein Bier,
Der Schaum erdrückt es fasst,
Der Striche sind es vier,
Das ist es, was Du hasst.

Und dieses weite Rund,
Der schönste Ort für mich,
Das Leben wirkt so bunt,
Ich denke nur an dich.

Ich stoß den Nachbarn an,
Er dreht sich langsam um,
Er ist ein schräger Mann,
Er sitzt hier häufig stumm.

Ich schau ihn traurig an,
Das ist mein Lieblingsblick,
Dass ich so schauen kann,
Das ist ein Meisterstück.

Er zuckt die Schultern jetzt,
Und schüttelt sacht das Haupt,
Ich hab' ihn tief verletzt,
Ich hab' ihn angeschaut.

Wir starren beide blass,
Die Augen sind so leer,
Der Mund leicht trocken-nass,
Ich glaub', er kann nicht mehr.

Ich wink' den Kellner ran,
Er zapft uns nochmal zwei,
Ob er wohl dies noch kann?
Let's give the man a try.

An dieser Theke hier,
Der schönste Ort für mich,
Ressourcen endlos schier.
Ich denke nur an dich.

An einem Faden dran,
In einer Öse drin,
Es läuft der Denver Clan,
Man nimmt das Fernseh'n hin.

Auf einer Ledercouch,
In einem Appartement,
Das Blut, das spritzt noch, Autsch,
Wenn man das Näh'n nicht kennt.

In einem Reihenhaus,
Am Ende dieser Stadt,
Man geht hier selten raus,
Man alles drinnen hat.

In einem Wohngebiet,
Verkehrsberuhigt ist's hier,
Wo man noch Kinder sieht,
Und man trinkt Dosenbier.

In einem fremden Land,
Die Menschen grüßen nett,
Sie sind so unbekannt,
Niemand scheint hier fett.

Jetzt ist genug gereimt,
Der schönste Ort für mich,
Es ist nur eins, was bleibt
Ich denke nur an dich.

Alle denken

Alle denken, dass ich drängel',
Doch ich helfe nur.
Ich bin gar kein Raser-Bengel,
Ich bin auf Hilfe-Tour.

Wenn ich sehe, dass der Vater,
Da mit seinem Jungen brüllt,
Fahr ich auf und ja ich hupe,
Dann ist jeder Streit gestillt.

Tut. Euch nicht weh.
Tut Tut Tut.
Euch nicht weh.
Tut. Euch nicht weh.
Tut Tut Tut.
Euch nicht weh.

Häufig bin ich missverstanden,
Einen Porsche habe ich,
Will doch nicht bei Frauen landen.
Straßen-Batman nennt man mich.

Denn wenn sich mal Mädels zanken,
Auf der großen Autobahn
Ich will nicht, dass wer muss bangen.
Halte jeden Mini an.

Tut. Euch nicht weh.
Tut Tut Tut.
Euch nicht weh.
Tut. Euch nicht weh.
Tut Tut Tut.
Euch nicht weh.

Auch die Polizei, die Guten,
Stoppen mich auf frischer Fahrt,
Weil sie anderes vermuten,
Erklärt' ich, was ich da tat.

Ohne mich, da wäre Gewalt,
Auf der Straße täglich Brot,
Glaubst nicht oder glaub es halt,
Mancher Pfeiler wär' heut tot.

Tut. Euch nicht weh.

Tut Tut Tut.

Euch nicht weh.

Tut. Euch nicht weh.

Tut Tut Tut.

Euch nicht weh.

Und wenn wirklich nichts passiert,

Wenn das Radio doch zu laut,

Wenn nicht rechtens ausgeschert wird,

Wird Zeit, dass wer dazwischenhaut.

Dann fahr' ich auf,

Dann hup' ich lichter,

Nehm Unbehagen gern in Kauf,

Und drohe in erstaunt' Gesichter.

Tut. Euch nicht weh.

Tut Tut Tut.

Euch nicht weh.

Tut. Euch nicht weh.

Tut Tut Tut.

Euch nicht weh.

Abgesagt

Sehr geehrter Herr Happ, Sie hatten sich um die o.g. Stelle beworben. Wir haben eine Vielzahl oftmals gleichermaßen qualifizierte Bewerbungen erhalten und diese sorgfältig geprüft. In diesem Zusammenhang haben wir uns auch mit Ihrer Bewerbung eingehend befasst. Leider müssen wir Ihnen mitteilen, dass wir Sie bei der Besetzung der Stelle nicht berücksichtigen konnten. Uns bleibt daher nur, Ihnen nochmals für das Interesse, das Sie uns mit Ihrer Bewerbung entgegengebracht haben, zu danken. Für Ihren weiteren Berufs- und Lebensweg wünschen wir Ihnen alles Gute und viel Erfolg. Mit freundlichen Grüßen

Sehr geehrte Damen und Herren, allesamt,

Hier in ihren Händen, und hier in ihrer Hand,

Da halten sie die meine,

Wer hätte das gedacht,

Eine Bewerbung so wie keine,

Ich hab' mir Müh' gemacht.

Ich bin humorvoll und witzig,

Ich bin sehr sozial,

Meine Schwächen sind Stärken,

Ja, ich zeig sie nicht mal.

Ich bin redegewandt, eloquent, hab Talent,

Ich kenn' sogar jemand, der mich gerne kennt.

Ich bin durchaus flexibel und pfiffig im Kopf,

Ich suche mir Chancen, und greif sie am Schopf,

Ich bin vielseitig fähig und zu allem bereit,

Fremd sind mir Wut, Ärger, Bosheit und Neid.

Ein Teamplayer bin ich, ich gönne euch alles,

Und stehe parat für den Fall des Falles.

Ich habe so lange und auch viel studiert,

Dabei das ein oder and're probiert.

Ich habe erkannt, was nichts für mich war,

Und doch meine Stärken, ich wusst' um sie ja.

Ich kann aus Bewerbern die Eignung ermessen,

Ich teste sie alle und wähle den besten.

Ich referiere für Studis, für Kinder und Laien,

Ich spreche gerne leise und kann auch wohl schreien.

Ich beherrsche die Technik, so gut es nur geht,

Ich bin meistens pünktlich, und niemals zu spät.

Ich trage mal Sakko, mal Anzug mal Shorts,

Und kenne die Statistik Bibel, den Bortz.

Ich spiel gern mit Zahlen in allerlei Formen,

Ich kenne Vergleichswerte, ebenso Normen.

Ich mache aus Werten dann Grafiken schnell,

Und Grafiken lesen, kann ich *fairly well*.

Von Sprachen begonnen, so könnte man meinen,

Im englischen Ausland geboren zu scheinen.

Das reicht auch für die wichtigsten Gespräche genug,

Mein Wortschatz ist reichhaltig, umsichtig, klug.

Auch Spanisch, Französisch, die sprech' ich zwar nicht,

Doch erkenne ich Sätze im fremden Gesicht.

Auch and're Kulturen hab' ich schon genossen,

Sie sind in meine Kenntnisse von Menschen geflossen.

Ich teile mein Wissen, und lern mich schnell ein,

Ich kann sowohl Führer wie auch Mitläufer sein.

Ich sag meine Meinung und weiß wann ich schweige,

Meine Geduld geht niemals zur Neige.

Ich kenne auch Filme, und bin wohl belesen.

Zudem bin ich oft schon auf Bühnen gewesen.

Ganz ohne Nervosität stand ich immer da,

Die lauschenden Gesichter, sie schreien Hurra.

Sehr geehrter Herr Happ, vielen Dank für Ihre Bewerbung und Ihr Interesse an der ausgeschriebenen Stelle als bei uns. Leider müssen wir Ihnen heute mitteilen, dass wir Sie bei der Besetzung der Position nicht berücksichtigen konnten. Bitte sehen Sie in dieser Entscheidung kein abschließendes und persönliches Werturteil Ihrer Fähigkeiten und Qualifikationen. Für Ihren weiteren beruflichen Werdegang wünschen wir Ihnen alles Gute. Wir weisen darauf hin, dass wir die uns überlassenen Bewerbungsunterlagen gemäß der diesbezüglichen Datenschutzbestimmungen in § 32 Abs. 1 i. V. m. § 3 Abs. 11 Nr. 7, § 28 Abs. 1 Nr. 1, § 35 Abs. 2 Satz 2 Nr. 3 des Bundesdatenschutzgesetzes (BDSG) bis sechs Monate nach Abschluss des Auswahlverfahrens speichern und danach löschen werden. Mit freundlichen Grüßen

Ich weiß was zu Wirtschaft, zu Medien, Märkten,

Ich erkenne bei Führungskräften die Stärken,

Ich weiß, was Videospiele mit dir machen,

Manches zum Weinen, und manches zu lachen.

Ich hab' einen Führerschein, Klasse A unter Bs,

Bin sportlich, gesellig, auch wenn ich viel les.

Ganz oben dort, ist ein Foto drauf,

Ich hab' es teuer bezahlt, ich seh' bezaubernd aus.

Die Haltung ist offen, ich schaue stark,

Wissen statt hoffen, dass jeder mich mag.

Ich trage auch Anzug und lächel' adrett,

Doch nicht zu spießig, sondern richtig nett.

Sehr geehrter Herr Happ, Ihre Unterlagen haben wir mit Interesse gelesen und geprüft. Leider müssen wir Ihnen jedoch mitteilen, dass wir Sie bei der Vorauswahl nicht berücksichtigen konnten. Bei der Vielzahl der eingegangenen Bewerbungen fiel uns eine Entscheidung nicht leicht. Bitte haben Sie Verständnis dafür, dass bei den vielen guten und qualifizierten Bewerbern oft nur Details entscheiden. Trotzdem hoffen wir, dass Sie mit uns in Verbindung bleiben. Wir laden Sie herzlich ein, sich weiter über unsere aktuellen Stellenangebote zu informieren. Wir wünschen Ihnen für Ihren weiteren Berufsweg alles Gute und viel Erfolg. Freundliche Grüße

Der Lebenslauf vielseitig, im wörtlichsten Sinn,

Das hab' ich gemacht, und dort ging ich hin.

Auslandserfahrung und beständige Jobs,

Es fehlt die Blamage, der Fehltritt, der Klopps.

Und ganz obendrauf hab' ich viel geschrieben,

Ob Bücher, ob Texte, ihr würdet sie lieben,

Vieles war fachlich und manches privat,

Mehr als so mancher veröffentlicht hat.

Sehr geehrter Herr Happ, ich nehme höflich Bezug auf Ihre Bewerbung bei uns und möchte mich für das von Ihnen gezeigte Interesse an einer Mitarbeit bedanken. Nach eingehender Prüfung der eingegangenen Bewerbungen mussten wir eine Auswahl treffen, bei der es sich nicht vermeiden ließ, auch Interessenten mit guten Voraussetzungen eine Absage zu erteilen. Wir bitten um Verständnis, dass wir Ihnen keinen positiven Bescheid geben können. Ich wünsche Ihnen für Ihre weitere berufliche Zukunft alles Gute und verbleibe mit freundlichen Grüßen

Einzig das eine, so fair muss ich sein,

Berufserfahrung da draußen? Leider nein.

Behütete Sache der Universität,

Ich weiß, wie die Sache theoretisch geht.

Dass ich praktisch auch kann, was ich im Kopf so weiß,

Daran zweifeln die Leute, das ist ja der Scheiß.

Der Postbote, der die anderen Bewerber schlägt,

Ist der, der schon jahrelang Post austrägt.

Lernwillig bin ich, das schreibe ich auch,

Ich bin der, wo man's nur einmal erklären brauch',

Und dann sicher besser als alle die das,

Jahrzehntelang machen, ich machte sie nass.

So mach ich mich schick, und zieh mich nett an,

Die Brille geputzt, dass ich durchsehen kann,

Die Schuhe gewienert, der Anzug ist glatt,

Jemand der was in der Auslage, als auch im Laden hat.

Und ich bin pünktlich da, und ich trinke noch was,

Mir machen Momente der Nervosität eigentlich Spaß,

Wie wird es wohl sein, wie finden sie mich,

Die mich nicht nehmen? Wie lächerlich.

Das Gespräch dann in Ruhe, die Stimmung ist gut,

Nach einigen Fragen, da fasst man auch Mut,

Und wird langsam sicher, dass es passen kann,

„Es hat mich gefreut, wir rufen Sie an."

Mut wünsch ich somit der Personalauswahl,

Ladet den doch mal ein, und testet ihn mal,

Dann werdet ihr seh'n, ich würde mich machen,

Über die wenige Erfahrung könnt man gemeinsam lachen.

Doch es wird die Zeit kommen, ich weiß es genau,

Da fragt Petrus im Himmel, wer ist wie schlau,

Wer hat die tollsten Sachen gemacht,

Und wer hat die Zeit mit tollen Menschen verbracht.

Dann werdet ihr sehn, dass der Job euch nichts bringt,

Und ich geh vorbei und pfeife und sing,

Und so überrascht mich dann doch, bin leicht irritiert,

Warum nicht jeder Arbeitslose fanatisch gläubig wird.

Sehr geehrter Herr Happ, wir möchten uns noch einmal herzlich für das Interesse an unserem Unternehmen bedanken. Wie bereits besprochen möchten wir Sie nun auch gerne persönlich kennenlernen und laden Sie daher recht herzlich am Donnerstag, 16. April um 15.00 Uhr unsere Räumlichkeiten ein. Bitte melden Sie sich auf der zweiten Etage am Empfang. Wir freuen uns auf das Gespräch. Mit besten Grüßen

Die Verschwörung der Idioten

Auch wenn ihr vor mir stehen bleibt,…

…ob zu Fuß in einer vollen Fußgängerzone an einem Samstagmorgen, weil ihr da rechts im Schaufenster irgendwas gesehen habt oder gar eine Wurst gerochen habt.

…den meisten von euch werde ich gar nichts tun.

Auch wegen ihr vor mir stehen bleibt,…

… mit dem Auto auf der Suche nach einem Parkplatz, selbstverständlich ohne den Blinker zu setzen, und auch wenn ihr dann abrupt wieder losfahrt als ihr feststellt, dass dieser Parkplatz natürlich nur eine Nothaltebucht vor einer Garage ist, die nur deshalb frei ist an einem Samstagmorgen, weil man dort eben nicht parken kann.

…den meisten von euch werde ich gar nichts tun.

Auch wenn ihr vor mir stehen bleibt, …

…mit dem futuristischen Kinderwagen, auf einem viel zu vollen Jahrmarkt. Nichts läge mir da ferner zu behaupten, das Eltern ihre Kinder zumindest so sehr viel lieben sollten, dass sie in einigen Situationen auch bereit sind, ihre Bälger zu tragen. Egal wie alt diese sind!

…den meisten von euch werde ich gar nichts tun.

Auch wenn ihr euch entscheidet,…

… dass eine ausführliche Beratung zu den neusten Handys tatsächlich nach 18 Uhr stattfinden muss. Und dann auf jeden Fall im Fachhandel. Ihr habt euch aufgemacht, genau zu erfahren, inwieweit sich das eine vom anderen Handy unterscheidet. Ich will nur was umtauschen. Ihr werdet aber selbst nach zwei Stunden stupiden Kopfgenicke und Rumgedrückte und Nachgefrage, den Laden um eine Erfahrung reicher, aber ohne Handy verlassen.

…den meisten von euch werde ich gar nichts tun.

Selbst wenn ihr an der Kasse das Gefühl vermittelt, …

….man hätte nun wirklich nicht damit rechnen können, dass dieser Moment kommt, indem man die zusammengetragene Ware auch tatsächlich bezahlen muss. Egal, ob das Portemonnaie ganz tief in dieser riesigen Tasche ist oder ob es im Beutel am Rollator gerade schlecht zu greifen ist.

…den meisten von euch werde ich gar nichts tun.

Sogar wenn ihr in der Bahn eure Zeitung aufklappt, …

…sodass man als Nachbar in eine Embryohaltung gehen muss. Das macht ihr sicher entweder, weil eure Mutter während der Schwangerschaft trank oder weil sie euch in einem schwachen Moment eurer Erziehung den Rat gegeben hat, dass euch niemand einschränken kann in den Dingen im Leben.

…den meisten von euch werde ich gar nichts tun.

Auch wenn ihr beim Bäcker vor mir steht,…

… und ich zunächst froh bin, dass ihr die einzige Person seid, die vor mir dran ist, aber ihr euch dann doch als der komplizierteste Kunde dieses Planeten entpuppt. „Ist das Roggenmehl? Haben Sie noch Dinkelbrötchen? Kann ich das ohne Remoulade bekommen? Scheiden Sie mir das noch?" Ich stehe geduldig da und warte auf den Moment, meine 10 Brötchen im Angebot kaufen zu können.

…den meisten von euch werde ich gar nichts tun.

Oder vielleicht doch?

Kleiderlächeln

Du fragst mich, ob dir das Kleid steht. Das Kleid ist blau. Ich sehe aus dem Augenwinkel das Preisschild. „Steht dir super." sage ich. Doch ich lächle etwas gequält dabei. Das ist pure Absicht.

Du wirst jetzt als nächstes sagen „Oder ist es doch nicht das richtige?" Ich kenne die Spielregeln der modernen Partnerschaft. „Nein, sage ich, es ist super. Es betont deine schönen Körper." Ich ärgere mich. Aus meiner Wortschatz-Schatulle habe ich nicht das beste Kompliment ausgewählt. „Körper" ist gefährlich. Es meint „Figur" und das meint bei Frauen häufig fett. „Augen" wäre ungefährlich gewesen. Aber da muss man schon genau hinsehen. Denn wenn das blaue Kleid die grünen Augen betont, dann könnte es vorkommen, dass die Frau tatsächlich einmal genau hinhört und nachfragt.

Ich habe also Körper gesagt und kann die nächsten 5 Minuten sehr verlässlich voraussagen. „Macht es mich dick?" Das Eis wird dünner. Nein, sage ich und lächle nachsichtig. Dieses Lächeln ist anders als das erste. Es ist viel selbstbewusster und drückt aus, dass diese Vermutung geradezu absurd ist. Das ist immer etwas brenzlig, denn wenn die Frau dann das Gefühl bekommt, man würde lächeln oder lachen, weil man sich überführt fühlt, bei der Unterstellung von Übergewicht, dann wird es ganz schwierig.

Ich moderiere die Situation ab und sage: „Probier' doch nochmal das grüne an." Bislang läuft alles genau nach Plan. Ich habe, beiläufig und desinteressiert wirkend, auf den Paketzettel geschaut, der den im Internet bestellten Kleidern beilag. Da auch das kleinste Kind diese Zettel verstehen muss, konnte ich auch recht schnell ablesen, dass das blaue Kleid bei weitem das teuerste und das grüne Kleid das billigste ist. Schwarz liegt irgendwo dazwischen.

Die Frau hat mittlerweile das grüne Kleid angezogen. Im direkten Vergleich haben günstigere Kleider leider selten eine Chance bei der Frau. Auch sie kennt die Preise sehr genau. Während sie im blauen Kleid, noch selbstbewusst aufrecht stand und sofort Feuer und

Flamme war, krümmt sie sich hier vor dem Spiegel, nestelt am Reisverschluss rum und stellt fest „Das sitzt nicht, oder?".

Ich, der heute ja den Kauf ein wenig lenken mag, schüttele zunächst ungläubig den Kopf. In Wahrheit sitzen beide Kleider identisch. Ich sage „Von hier aus fällt es ganz wunderbar. Was stört dich denn?" Ich versuche durch investigative Recherche die Frau aus dem Gleichgewicht zu bringen. „Es sitzt nicht." sagt sie trotzig „Und es kratzt.". Ich sehe meine Felle schwimmen. „Das ist weil es neu ist." Ich starte ich einen letzten Versuch. Die Frau hält kurz inne, schaut sich im Spiegel an, dreht sich um und verlässt den Raum. Was genau in den nächsten Minuten passiert, die sie im anderen Raum verbringt, weiß ich nie so genau, aber sie kommt zurück, gestärkt in ihre Entscheidung. Der Nebenraum scheint so etwas wie einen Zaubertrank oder einen Motivationscoach zu beinhalten.

Sie kommt zurück, das Kleid hängt bereits schlaff über ihrem Arm. „Jetzt probier' ich noch das schwarze an." Ich nicke nur, verblüfft ob der klaren Worte und Absage an das grüne Kleid. Das Pferd auf das ich jetzt setze, ist das schwarze. Auch dieses Kleid kostet die Hälfte des vollkommen überteuerten Designerstücks in blau.

Sie zieht das Kleid über. Diesmal versuche ich früh in die Offensive zu gehen. Noch bevor Sie den Spiegel erreicht hat, stoße ich ein „Oh" und ein „Wow" aus. Ich versuche so verzückt zu klingen, wie es mir ohne Brüste nur möglich ist. Sie schaut mich aus dem Augenwinkel an. Es hat geklappt. Bevor sie zum Spiegel geht, baut die Frau sich nochmal vor mir auf, zieht das Kleid gerade und hält die Luft an. Jetzt muss ich inhaltlich nachlegen. „Ja, ich finde es steht dir super." Soweit so gut. Nötig wäre aber jetzt ein inhaltliches Kaufargument. Ich habe bereits gelernt, dass der Preis hier keine Option ist.

„Der Schnitt passt sehr gut zu dir. Genau die richtige Länge. Wie für dich gemacht." Mir fallen keine weiteren Sätze aus den C&A Werbespots ein. Ob das reichen wird? Die Frau ist mittlerweile vor dem Spiegel verschwunden. Sie prüft und nickt, sie dreht sich und grübelt.

Über der Couch hängt das blaue Kleid. Ich freue mich, dass dieses unverhältnismäßig teure Ding seinen Weg nicht in unseren Kleiderschrank finden wird. Ich lächle nun ein Siegerlächeln.

„Warum lachst du?" fragt die Frau plötzlich verunsichert. Sie scheint mich mit ihren zweiten paar Augen beobachtet zu haben. Jetzt muss ich ganz vorsichtig sein, denn viel zu leichtfertig sind alle Emotionen nun auf das Kleid, welches gerade im Fokus steht, gemünzt. „Oder findest Du es von hinten auch nicht so gut?" Mir wird warm und kalt. Das „auch" kann zweierlei bedeuten, beide Optionen sind wenig vorteilhaft. Entweder sie findet es ebenfalls nicht gut und sucht Bestätigung. Oder sie unterstellt mir, dass ich es von vorne doch nicht so gut fände. Verfluchtes Lachen. Ich werfe alles in die Waagschale. „Das ist das schönste Kleid, was ich an Dir je gesehen habe." Sage ich und hoffe nicht rot zu werden. Ein Lächeln huscht über das Gesicht der Frau.

„Du hast recht." sagt sie. Sie lächelt nun breit und zieht das Kleid aus. Ich bin stolz auf meine Beratung. Ich konnte den schlimmsten finanziellen Schaden abwenden. Während die Frau das Kleid nochmal in die Höhe hält, entkorke ich eine Flasche Wein. Beinahe hätte ich es wieder mal durch ein Lachen versaut, denke ich mir.

Als ich zurückkomme, verschließt die Frau das Paket bereits für den Rücktransport. Auf der Couch sehe ich jedoch sowohl das blaue wie auch das schwarze Kleid liegen. Ich versuche mich gegen die Wahrheit zu stemmen. „Hey, du hast das blaue Kleid ganz vergessen, das muss ja auch noch rein." Ich lächle nachsichtig. Ich versuche das Gefühl zu vermitteln, es sei ok, dieses Missgeschick könne jedem Mal passieren.

„Nein," sagt die Frau, „das blaue hätte ich ja eh genommen, aber wenn dir das schwarze so gefällt, dann nehmen wir natürlich beide."

Ich nippe am dem Weinglas und lächle.

2016

First World

Während Kinder alle hungern,
Wurd' ich heut' in Köln geblitzt,
Und das ist noch nicht das Schlimmste,
Hab' dabei am Po geschwitzt.

Während Flüchtlinge hier zittern,
Halb vor Kälte, halb vor Angst,
Stört mich, dass die Make-ups glitzern,
Und die Gruppe Emo-Punks.

Während Menschen täglich sterben,
Ärgert mich, was im Fernseh'n kommt,
Dass bloß alle etwas erben,
Und, dass wieder Schlager boomt.

Während viele Krankheit leiden,
Regt mich meine Arbeit auf,
Wie die dort, wie die sich kleiden,
Falsche Tür für diesen Knauf.

Während Krieg und Bomben fliegen,
Schick ich meine Suppe um,
Hasse Winter und Schneeschieben,
Finde den und jenen dumm.

Während viele gar nichts haben,
Ärgert mich das Internet,
Shopp' ich neue Stoffe, Farben,
Fühle mich ein bisschen fett.

Während viele Arbeit suchen,
Ist die Parkplatzsuche lästig,
Könnt' ich Bands und so verfluchen,
Wenn das Bühnenbild mal hässlich.

Während viele gar nicht lesen,
Find ich Amazon ein Driss,
Weil da mal Produkte fehlen,
Weil was falsch geschrieben ist.

Während zehn sich Wohnraum teilen,
Fehlt mir Private Space für mich,
Um das Abendbrot sich keilen,
Und den letzten Bienenstich.

Während Folter manche knechtet,
Ist mir dieser Tee zu heiß,
Ich, der täglich zur Arbeit hechtet.
Beim Quiz nicht die Lösung weiß.

Während viele draußen schlafen,
Lieg ich wieder unbequem.
Kleid mich in Merino-Schafen,
Kann Freitag mal nicht feiern gehen.

Während Kinder schuften, ständig,
Sind mir dies und das zu viel.
Muss was schreiben, auch noch händisch,
Hängt am Apfel noch der Stiehl.

Während manche eingeschränkt,
Verdiene ich mir nie genug,
Ob meine rechte Brust was hängt,
Und unser Kind nicht superklug.

Nein, hier folgt jetzt kein Appell,
That is life, das weiß ich auch.
Doch eins sag ich euch noch schnell.
Denk kurz nach, dann reg dich auf.

Als ich mich entschied

Als ich mich entschied, dass Akte X wieder laufen sollte.

Ich hatte schon mehrfach darüber nachgedacht.

Sicher, es war eine mutige Entscheidung.

Nach all den Jahren.

Und man konnte ja nicht wissen, wie es ankommen würde.

Die Zuschauer würden stets vergleichen mit den alten Folgen.

Waren die Schauspieler noch fit genug?

Waren Aliens noch aktuell genug?

Wie würden neue Dialoge ankommen?

Ich musste etwas tun.

Ich konnte nicht so nutzlos hier sitzen und genau wissen, dass eine Fortsetzung der Menschheit guttun würde.

Kraft geben könnte.

Wie damals, als ganze Nationen mehrere Jahre lang gebannt zuschauten wie Mulder und Scully Fall um Fall lösten.

Stets an der Grenze des Fassbaren.

Stets an der Grenze des Machbaren.

Und dann war es so weit.

Als ich mich eines Tages beim Kaffee dazu entschieden hatte, die Welt nun bereit sei, eine neue Staffel Akte X zu bekommen, da nahm ich den Hörer in die Hand und wählte.

Es klingelte mehrere Male.

Ich wurde nervös.

Nicht, dass mich jetzt wieder der Mut verlassen würde.

Nicht, dass alle meine Mühen umsonst gewesen waren.

Ich war fest entschlossen, dass es eine neue Staffel Akte X wieder geben sollte.

Ein Mann nahm das Telefon ab.

Er konnte nicht wissen, dass ich es war.

Ich weiß noch genau, jedes Wort des Telefonats.

So als wäre es gestern gewesen.

Es hat sich eingebrannt.

„Pro 7 Kundentelefon, mein Name ist Giuliano. Wie kann ich helfen.“

Ich nahm allen Mut zusammen und atmete kaum merklich aus während ich redete

„Akte X …muss …wieder …laufen.“

„Oh, der Herr, da haben sie Glück. Genau im Januar werden die neuen Folgen bei uns laufen. Montags abends, 20:15 Uhr.“

Ich legte auf.

Zufrieden blickte ich auf den Telefonhörer.

Einfacher als gedacht.

Aber einer musste es ja machen.

Einer muss es immer machen.

Damit andere profitieren können.

Und ich sah, dass alles, was ich gemacht hatte, sehr gut war.

Und es wurde Abend und wurde Morgen, und ich ruhte den ganzen nächsten Tag.

Der moderne Mann

Ich würde nicht sagen, dass ich besonders unordentlich bin. Nein, vielmehr habe ich die wundervolle Gabe, jene Dinge, die aus einer Schublade herauslugen, die lieblos über einem Stuhl abgelegt wurden oder auf einem einfarbigen Bodenbelag leicht als Unrat zu erkennen sind, aufzusammeln und Sie ihrem jeweiligen Bestimmungsort zuzuführen. Sei es nun das Innere der Schublade, der neue Kleiderschrank neben dem Stuhle oder das nahegelegenste Abfallbehältnis. In meiner Wahrnehmung bin ich also ein äußerst aufgeräumter Mann.

Nun teilen diese Wahrnehmung nicht alle meine Gefährten. Meine Lebenspartnerin zum Beispiel hat eine etwas andere Auffassung von Ordnung und Sauberkeit. Anders als ich, widmet sie den falsch stehenden Hocker, dem ungemachten Bett und dem Joghurtbecher auf dem beigen Sideboard keinerlei Aufmerksamkeit. Dieserlei Oberflächlichkeiten haben in Ihrem Sauberkeitsbegriff keinerlei Bedeutung. Vielmehr geht es ihr darum, seltener, doch mit einer wachsenden Regelmäßigkeit, der Unordnung zeitintensiv und somit eher grundsätzlich Herr zu werden.

Da stehen wir beide nun voreinander, wie einst die Barbaren vor den Griechen gestanden haben müssen. Beide der festen Überzeugung, man selbst habe den Königsweg für sich entdeckt, sowohl innere wie auch äußere Gelassenheit zu finden und gleichzeitig der Außenwelt das Zeichen zu geben: hier lebt ein reinlicher Mensch, hier kann man vom Boden essen, unter unserem Sofa ist nichts versteckt. Bei gleichzeitigem vollkommendem, gerade abgrundtief entsetztem Unverständnis für die Auffassung des anderen. Zwar muss ich erkennen, dass ich in unserem Wettstreit der plakativere, Trump-artigere Kandidat bin, doch vermag ich in ihren punktuellen Bemühungen, die häusliche Welt punktuell in beste Ordnung zu bringen statt stets eine okaye Ordnung zu etablieren, bestenfalls etwas Ketzerisches, und hypokritisch zu nennen. Der Zweck heiligt bei ihr also die Mittel. Um einen fundamentalen, elementaren Hausputz und deren glänzende Wirkung zu rechtfertigen, muss zuvor langsam und quälend das schleichende Chaos Einzug gehalten haben.

Selbstverständlich kaschiert meine durchaus gewiefte Argumentation nur den Kern meiner Glaubenssicht: Faulheit und Zeitmangel paaren sich zu der verheerenden Mischung der oberflächlichen Reinlichkeit. Selbstverständlich bricht dieses liebevoll gebaute Kartenhaus der Worte zusammen, falls sich das gegnerische Lager bemüht, die Staubschicht im obersten Regal, die Haare im Spülspecken, die lieblos zusammengestopfte Sammlung an Plastik- und Papiertüten genauer zu untersuchen.

Allein die Tatsache, dass meine Freundin nicht groß genug ist, Türrahmen und Oberschränke genauer zu inspizieren, lässt mich allabendlich friedlich einschlafen.

Noch einmal: ich weiß, dass ich im Unrecht bin und eine tiefgehende Reinigung meiner Wohnumgebung erst ihre Vorzeigbarkeit und ihre hygienische Grundvoraussetzung verleiht. Dennoch bin ich wie jemand der in einem Auto-Quartett einen Skoda und einen Fiat auf der Hand hat. Wohl wissend, dass der Gegenüber einen BMW, einen Mercedes und Hummer parat hält. Mein Skoda des Putz-Spiels heißt Wohnlichkeit und mein Fiat heißt Charme, denn erst eine leicht verdreckte Wohnung kann vom Betrachter für Ihre Urigkeit gelobt werden. Ich befürchte jedoch, meine Karten werden stets von den Edelkarossen und Tugenden meiner Freundin übertrumpft.

In meiner Verzweiflung und Panik ändere ich dann oft meine Argumentationsstrategie. So unterstelle ich meiner Partnerin dann hin und wieder, doch eigentlich das Chaos gegenüber dem geputzten Fenster und der ausgewischten Schublade zu präferieren. Diese Sporthose da oder jener geöffnete Koffer dort in der Zimmermitte seien für mich klare Indizien, dass Sie und nicht etwa ich der Messie hier in unserer Beziehung sei.

Kurz spielt mir Ihre Verblüffung in die Karten. Ich kann kurz die
Augen verdrehen, leicht gequält einen Seufzer ausstoßen und sage
„Ich glaube ich brauche mal frische, saubere Luft." Danach schließe
ich die Wohnungstür etwas zu laut und verlasse das Haus. Solange
ich noch in Sichtweite des Fensters bin, gehe ich in Schrittgeschwin-
digkeit, trete manchmal den ein oder anderen Kieselstein leicht abwesend wirkend und schaue ich natürlich den ganzen Weg gequält
zu Boden. Von hinten muss es nun so aussehen, als sei ich verzwei-
felt und enttäuscht zugleich. Ein langsames Kopfschütteln unter-
stützt diese Haltung für den Betrachter ungemein.

An der Ecke dann, schaue ich nochmal Richtung Wohnungsfens-
ter, schüttele erneut kurz resignierend den Kopf und schnäuze mich
in das griffbereite Stofftaschentuch in meiner ausgebeulten Mantel-
tasche. Erst um die Ecke gebogen, setze ich mein Siegerlächeln auf
und hoffe, dass bei meiner Rückkehr nach dem Kneipenbesuch,
nicht nur eine von Herzen kommende Entschuldigung auf mich
wartet, sondern auch eine blitzeblank geputzte Wohnung. Oft
wurde ich enttäuscht und konnte meine Enttäuschung nur durch einen erneuten Kneipenbesuch kompensieren.

So kamen wir also auf die Idee, eine Reinigungskraft zu engagie-
ren, die in Zukunft unsere Beziehung harmonischer und unsere
Wohnung sauberer machen sollte. Zu Beginn meiner Suche war ich
mir sicher: irgendwo da draußen wartete eine unzählbare Menge an
älteren Damen auf uns, die Reinigungsdienste keineswegs aufgrund
des Geldes, sondern vor allem aufgrund eines inneren Bedürfnisses
erledigten. Diese älteren Damen, denen ich als zentrale Persönlich-
keitseigenschaften so etwas wie Hemdsärmlichkeit, Fleiß und Gut-
herzigkeit zuschrieb, konnte ich mir sehr gut vorstellen. Der eigene
Sohn hatte irgendwann das Haus verlassen und nun warteten Sie als
Putzfeen darauf, weiter ihrer großen Leidenschaft zu frönen. Sicher-
lich gegen ein geringes Entgelt, aber eigentlich, weil Sie große
Freude dabei empfanden. Zudem, so dachte ich, würden es jene älteren Damen schätzen, diese Tätigkeit schwarz zu verrichten um
nicht all die Umstände mit der für sie ach so komplizierten Steuer
zu haben. Ältere Damen wollten sicher das Geld bar auf die Hand

haben um sich damit wöchentlich ein schönes großes Stück Schwarzwälder-Kirschtorte oder alle paar Monate ein neues Mode-Schmuckstück aus Bernstein zu kaufen.

Auch als sich im Bekanntenkreis und am lokalen Supermarkt-Aushang-Brett so eine ältere Dame nicht finden ließ, zweifelte ich keineswegs. Es mussten meine Suchwege sein, die mich scheitern ließen. Da ältere Damen meines Wissens nach nicht zu den *digitale natives* zählen, entschieden wir uns eine Zeitungsannonce zu schalten. Es handelte sich um das Gratis-Sonntags-Lokalblatt. Diese Zeitung hat schließlich ihre Daseinsberechtigung nur durch besagte ältere Damen., die sich über verstorbene Bekannte und wöchentliche Kaufhausangebote informieren wollen. Der heutigen Zeit geschuldet, baten wir in der Anzeige dann doch um eine Antwort per Email oder einen Anruf statt um eine schriftliche Bewerbung oder gar einen Vorstellungsbesuch.

Die Resonanz war überschaubar. Vier Personen meldeten sich. Da war zum einen eine Studentin der lokalen Universität, die klarstellte, dass diese Putzstelle ihren Lebensunterhalt neben ihrem Studium finanzieren sollte. Über entsprechende Qualifikation und Vorkenntnisse berichtete sie nichts. Ich war durchaus prinzipiell bereit, einer fleißigen Studentin zu helfen, doch konnte ich mich nicht so recht mit dem Gedanken anfreunden, dass ein Mädchen, das in etwa halb so alt war wie ich, meine Klo-Innenflächen reinigen würde. Vielleicht war ich auch einfach noch generell nicht bereit für eine Reinigungshilfe. Die zweite Rückmeldung kam zwar von einer älteren Dame, die aber schon in ihrer knappen Antwort feststellte, dass sie angemeldet sein müsse, was ihr geforderter Stundenlohn sei und welche Aufgaben sie ganz sicher nicht tun würde („UND BLOß KEINE TIERE ODER KINDER"). Die Rückmeldung ließ uns unsicher werden, wer sich hier eigentlich bei wem beworben hatte.

Die dritte Bewerbung kam von einer Dame meines Alters. Doch war ihr Anliegen in ihrer Mail sprachlich nicht nachzuvollziehen. Trotz meiner weltoffenen Art und meiner sozialpsychologischen

Vorbildung fiel es mir schwer, diese Frau als genau meine Wunsch-
kandidatin für den Job anzuerkennen. Die letzte Kandidatin ent-
sprach tatsächlich den Vorgaben einer devoten älteren Dame. Doch
hätte uns da schon stutzig machen sollen, dass sie einen netten
Schwatz vor oder nach der Arbeit oder die ein oder Zigarette oder
die ein oder andere Tasse Kaffee sehr schätze. Die Dame kam zum
ersten Mal eine Woche später. 2 Stunden, 3 Tassen Kaffee, 4 unan-
genehme Hustenanfällen und 5 Zigaretten später war sie wieder
weg und wir waren uns schnell sicher, dass wir uns nochmal neu
umschauen müssen.

Letzte Woche habe ich dann diese neuen Online-Reinigungsver-
mittlungen ausprobiert, die einem das Vorurteil abtrainieren sollen,
dass gute Reinigungskräfte immer patente Omas sind. Ein jeder
kann dort Reinigungs-Experte oder Reinigungsfee sein. Ich war so
offen das auszuprobieren. Nach der Anmeldung und meinen
Wunschdaten, gratulierte mir der Internetdienst. Es habe sich jemand gemeldet. Ralf Schmidt würde nächsten Dienstag den ersten
seiner wöchentlichen Dienste antreten. Ein Bild verriet über Ralf,
dass er jedoch keineswegs wie ein Mann aussah, der einen guten
Schrubber zu schätzen weiß, sondern eher wie jemand, der Samstag
Menschen aus Nachtklubs wirft. Ich stornierte Ralf, nicht ganz ohne
Scham, doch engstirniger zu sein als gedacht. Ich konnte die vorur-
teilsbeladene Wahloption „ich hätte lieber eine Frau" tatsächlich
auswählen. Und tat dies. Zwei Tage später hatte das Portal für mich
einen Ersatz gefunden. Nathalia kommt nun nächsten Freitag.
Nathalia hat kein Bild hochgeladen. Und kein Alter angegeben. Sie
ist ganz sicher etwas älter und liebt das Putzen.

Freunde

Es handelt sich um den exklusivsten Kreis,
Wir reden anders als andere, wichtigen scheiß,
Ein jeder kann ganz so sein, wie er ist,
Trotz aller Kilometer, wenn du Mitglied bist.

Zu Weihnachten alle zusammen in der Stadt,
In der keiner über 40 eine Uni gesehen hat.
Und immer nur trinken und Philosophie,
Das Leben zu ernst, ernst redet man nie.

Da wird immer den alten Zeiten gedacht,
Was hat man zusammen schon durchgemacht.
Geraucht und gesungen, mit Frauen gespielt,
Sich oft super und häufig auch schäbig gefühlt.

Freundschaften überdauern Ehe und auch Empfängnis,
Vor allem überdauern sie aber diese Erkenntnis.
Mehr Gefallen leisten statt gefallen wollen und gefallen lassen,
Das hier ist für euch, hoch die Tassen.

Sich zusammen einfach in die Stadt zu flüchten,
Mit ihnen, den Jungs zu den vielen Gerüchten.
Teure Getränke, billige Worte,
Ganz kleine Geschichten und ganz große Orte.

Die Sorte, die man liebt, gewinnt,

Weil die Chemie so stimmt, und ernst sich nimmt.

Gegenseitig, nur für beide,

Für ihn leid ich, steh in seiner Kreide.

Kochen mit Liebe, ganz ohne Hunger,

Aquarium-Diebe mit ganz großem Hummer.

Immer so treu über alles reden,

Die Fäden, auch mal für den anderen weben.

Freundschaften überdauern Ehe und auch Empfängnis,

Vor allem überdauern sie aber diese Erkenntnis.

Mehr Gefallen leisten statt gefallen wollen und gefallen lassen,

Das hier ist für euch, hoch die Tassen.

Und so lernen wir unsere Sorgen zu falten,

Ganz schön anstrengend ständig sie hochzuhalten,

Falten sie in kleine Ecken.

Die wir dann in Hosen Stecken.

Und auf denen wir dann sitzen,

Fern ab von den Scherzen, Witzen,

Denn als Rückzug sind sie da,

Nur für mich und Jahr für Jahr.

Weise Worte, rar gesprochen,

Häufiger zusamm' erbrochen,

Doch zusammen sein, genießen,

Da wo die Ideen sprießen.

Freundschaften überdauern Ehe und auch Empfängnis,

Vor allem überdauern sie aber diese Erkenntnis.

Mehr Gefallen leisten statt gefallen wollen und gefallen lassen,

Das hier ist für euch, hoch die Tassen.

Da wo wir in Gedanken drehen,

Auf des Anderen Füßen stehen,

Und auch mal die Köpfe waschen,

Aus dem Neid das Lob erhaschen.

Denn, was sind wir für ein Haufen,

So viel Geist, der blieb trotz Saufen,

Spannend alle, Ingroup eben,

Outgroup ist und bleibt daneben.

Freundschaften überdauern Ehe und auch Empfängnis.

2017

Wünsche, Pflichten, Reue

Wünsche

Ich möchte Pilot werden und über Wolken fliegen,

Ich möchte Mama und Papa im Schach besiegen,

Ich möchte ein Shetlandpony und ein Mountainbike.

Ich möchte Teil sein von einem Castor Streik.

Ich möchte Fußballkarten für das große Spiel,

Ich möchte reisen, schreiben, leben, von allem viel.

Ich will ein cooler Vater und gebunden sein,

Ich will ein kleines Häuschen mit Blick auf den Rhein,

Ich will Unternehmen leiten und Konzerte spielen,

Ich will mit Freunde wegfahren und Würste grillen.

Ich will den perfekten Body und den Six-Pack Bauch,

Und Gourmet und Weinkenner wär' ich gern auch,

Eine schwarze Bahncard fänd' ich wirklich gut,

Für den Sprung aus 'nem Flugzeug hab' ich den Heldenmut.

Ich würd' gern berühmt sein durch ganz große Ideen,

Und keinen Fleck auf dem Sakko wäre auch sehr schön.

Pflichten

Die Augen zu schlecht für einen Piloten,

Und beim Schach auch einer von den größten Idioten.

Der ganze Pferdemist und die Anschaffungskosten,

Und wie viel die guten Mountainbikes kosten.

Was Atomkraft angeht, da war ich zu krass,

Und alleine zum Fußball macht ja auch keinen Spaß,

Ich musste den Urlaub erneut verschieben,

Mir war dann doch nicht genug Geld geblieben.

Ich musste nur leider noch den Brief fertig schreiben,

Und musste nach dem Meeting noch länger bleiben.

So verpasste ich zwar den Geburtstag der Kleinen,

Aber nächstes Jahr sicher, da gibt's nichts zu weinen.

Diese Wohnung hier reicht uns doch, ist ja genug,

Und man sieht von hier drinnen auch manchmal 'nen Zug.

Gitarrenspielen habe ich aufgegeben,

Und ein Freundestreffen wird es erst nächstes Jahr geben.

Jede Diät war stressig für mich,

In meinem Job geht es schon faktisch nicht,

Wein trink' ich viel doch selten den besten,

Einen Stammitaliener keinen, ständiges Testen,

Schwarze Bahncard ist eh nur 'ne Sache für Snobs,

Und beim Fallschirmspringen geht man eh nur hops.

Der Job ist so sicher, da wär ich doch blöd,

Mich erneut umzuschauen, was jeder versteht.

Gelungen ist mir eins, ein Häkchen da, check,

Mein Sakko hat tatsächlich heute keinen Fleck.

Reue

Ich wollte doch immer den Pilotenschein machen,

Und mit den Eltern bei Schachspielen lachen,

Ich hatte große Pläne mit Pferden und Bikes,

Links und politisch, bei allen Streiks.

Mein Hobby der Fußball, sollt' mich ewig begleiten.

Ich wollte Länder sammeln und gefüllte Seiten,

Was war in der Ehe wohl falsch gelaufen?

Kein Kontakt mit der Kleinen, wegen dem Saufen,

Ich müsste auch mal öfter den Müll runterstellen,

Und mich zu den Jungs in den Park gesellen.

Ich ließ mich dann gehen, sozial und privat,

Statt 'ner schwarzen Bahncard fährt mich Vater Staat.

Geflogen bin ich nun lange nicht mehr,

Meinen Job und die Hobbies vermisse ich sehr.

Jetzt im Alter will mich ja keiner mehr sehen.

Und mein Körper sagt, der ließ sich lang gehen.

Doch eins hängte ich weiterhin niemals weit weg.

Es ist das eine Sakko mit ohne Fleck.

Ich, der Text

(angelehnt an Leonard E. Read: I, Pencil)

Ich bin ein Text– ein gewöhnlicher liebevoller Text, wie ihn alle kennen, die lesen und schreiben können. Gelesen werden ist sowohl meine Berufung als auch meine Nebenbeschäftigung; das ist alles, was ich tue.

Ich, der Text, so simpel ich auch erscheinen mag, verdiene Dein Wundern und Staunen, eine Behauptung, die ich zu beweisen versuche. So *weiß nicht eine einzige Person auf dem Boden dieser Erde wie ich hergestellt werde.* Das hört sich fantastisch an, nicht wahr? Besonders wenn klar wird, dass viele meiner Art ständig hergestellt werden. Schau mich an, was siehst Du? Nicht viel fällt dem Auge auf – da gibt es Buchstaben und Zeilen und Reime.

So wie auch Du Deinen Familienstammbaum nicht sehr weit zurückverfolgen kannst, so ist es auch mir unmöglich, alle meine Vorfahren zu benennen und meine ganze Vorgeschichte darzustellen. Aber ich möchte doch auf eine ausreichende Anzahl von ihnen hinweisen, um Dir den Reichtum meines Hintergrundes eindrucksvoll vor Augen zu führen.

Mein Familienstammbaum beginnt tatsächlich mit einem Gedanken, den ich in einem Zug, auf einer Toilette oder während einer spannenden Unterhaltung habe. Denk an all die Menschen, deren Worte und Taten sich in meinem Kopf befinden und deren Zusammenspiel dazu führt, dass ich diesen Gedanken denke und ihn wichtiger oder gar bedeutender finde als alle die anderen aller möglicher Gedanken. Ja, unzählige, tausende Menschen hatten Hand angelegt an diesen einen simplen Gedanken.

Dieser Gedanke wird anschließend immer wieder gedreht und gewendet, abgewandelt und gegebenenfalls sogar verworfen. Er wird eingehend geprüft und nur im seltensten Fall für gut, brauchbar und weiterverarbeitbar befunden.

Viele Texte von vielen Autoren werden nie geschrieben, weil ihre ersten Gedanken, auch wenn zunächst als genial und kreativ eingeschätzt, eingestampft werden in den Brei der präfrontalen Hirnregionen.

Hat ein Gedanke es jedoch geschafft, näher betrachtet zu werden, dann wird er in den verschiedensten Hirnregionen abgetastet. Vereinfacht gesagt werden in den Arealen des Gehirns pausenlos Milliarden von elektrischen Impulsen erzeugt. In nur Bruchteilen von Sekunden werden diese Impulse und somit auch Gedanken analysiert, mit bereits bestehendem Wissen und bestehenden Erfahrungen der Autoren im Langzeitgedächtnis abgeglichen und vom limbischen System emotional bewertet. Die meisten dieser Vorgänge bleiben den Autoren im Unbewussten verborgen und äußern sich, wenn überhaupt, „nur" in Form eines Bauchgefühls, also einer Intuition. Andere durchdringen die Schwelle zum Bewusstsein und können dann auch sprachlich formuliert werden. Ob unbewusst oder bewusst, für die Entstehung eines kreativen Einfalls und einer innovativen Idee, sind viele Sinneswahrnehmungen, das gespeicherte Wissen, die individuellen Erfahrungen und eine emotionale Bewertung von enormer Bedeutung. Und dabei sind ganz sicher nicht alle Texte kreativ oder innovativ.

Die Idee ist spätestens dann endlich im menschlichen Sprachzentrum mit Wernicke und Broca Areal im Gehirn angekommen. Nach dem Abgleich mit bereits Gedachten, wird klar, welche Richtung Text ein solcher Gedanke hervorbringen kann und welche nicht.

Erste Worte werden vom Autor formuliert und niedergeschrieben in die Notizfunktion des Handys, in ein leeres Worddokument oder gar in eine alte Kladde für Notizen. Beim Niederschreiben ändert sich oft die genaue Formulierung des Gedankens, manchmal die Richtung des Textes und selten sogar der Gedanke selbst. Niemand sonst kann also genau diesen Text verfassen, denn niemand kann diese Irrungen und Wirrungen auf dem Weg zum Text nachvollziehen und bei dem gleichen Ergebnis ankommen.

Möchte jetzt noch jemand meine Behauptung in Frage stellen: Keine Einzelperson auf dieser Erde weiß, wie ich hergestellt werde? Es verhält sich in der Tat so, dass viele Menschen ihre Hand bei meiner Herstellung anlegen, durch die direkten oder indirekten Kontakte des Autors, dessen Beobachtungen in real oder im Fernsehen, seine oder ihre Erinnerungen und einfach die Konzepte von Innovation und Kreativität machen den Wege des einzelnen Textes nur schwer nachvollziehbar, geschweige denn wiederholbar.

Hier zeigt sich nun eine erstaunliche Tatsache: Weder die Autoren noch der Mann über den der Text handelt, den ich in der Bushaltestelle beobachtet, genau wie alle anderen verschriftlichen Personen und Ideen: keiner erledigt seine spezielle Aufgabe, weil er mich, den Text, haben will. Jeder dieser Leute interessiert sich weniger für mich als für den Autor. Tatsächlich werden die meisten dieser enormen Menschenmengen mich niemals zu Gesicht bekommen.

Ich bin damit immer ein Produkt menschlicher schöpferischer Energien – Millionen winziger Wissenselemente, Fähigkeiten, die sich natürlich und spontan als Antwort auf menschliche Bedürfnisse und Wünsche ergeben und das fast in Abwesenheit einer führenden Hand.

Die Lehre, die ich zu erteilen habe, ist: *Lasst alle diese kreativen Energien unbehindert.* Erlaubt diesen kreativen Fähigkeiten frei zu fließen und genießt den nächsten Text. Er ist einzigartig und hat eine Geschichte und einen Stammbaum. Und nein, ihr hättet ihn nicht genauso schreiben können.

Trauer

Einen ganzen Tag soll die Weiterbildung gehen. Der Umgang mit Sterbenden ist das Thema. Alle, auch ich, habe dazu rudimentäre Kenntnisse: jeder ist irgendwann dran, am Ende seines Lebens rasselt oder röchelt die Atmung des Versterbenden, so glaube ich gehört zu haben und am Ende ist alles schwarz. Ich fühle mich ausreichend vorbereitet.

Die Veranstaltung findet stilecht in einem Altersheim statt. Es werden zwar keine Fallbeispiele aus den umliegenden Zimmern hereingetragen, aber spätestens in der Mittagspause wird man sich der Relevanz des Themas deutlich bewusst. Tod geht uns alle an. Die Menschen hier besonders.

Im Seminarraum angekommen wird mir schlagartig klar, dass dieser Tag keineswegs wie im Flug vorbeigehen wird. Es sind insgesamt 15 Teilnehmer, 14 davon sind Frauen unterschiedlichen Alters. Und ich. So ist das eben im sozialen Sektor.

Verstehen Sie mich jedoch nicht falsch: Männer in diesem Berufszweig sind dabei aufgrund ihrer Persönlichkeitsstruktur auch selten Lichtblicke, aber man gibt die Hoffnung auf einen Mann mit dem man in der Pause einfach über Gin-Sorten und Fußball sprechen kann ja niemals so ganz auf.

Viele von den Damen sehen so aus, als hätten sie sich für heute in den Kopf gesetzt, den Tag redend zu verbringen, als seien sie vom Tod persönlich betroffen und hätten wichtige Anliegen, die wir nun alle gemeinsam ausbaden müssen. Vor vielen Teilnehmerinnen liegen bereits die Taschentücher griffbereit. Vielleicht bin ich bei der Anmeldung dem beliebten Irrtum aufgesessen, dass nur weil etwas „Fort- oder Weiterbildung" heißt, auch tatsächlich jemand anderes zu einem Thema mehr weiß als meine Tante, meine Katze oder ich.

Diese Hypothese ist meiner Erfahrung nach, dann doch am Ende oft ernüchternd und frustrierend falsch. Oft hat ein wenig charismatischer Mensch und Redner ein paar verstaubte Powerpoint-Folien mit Tippfehlern vom Vorgänger geerbt, weil dieser zu schlecht bezahlt oder verstorben ist, und arbeitet diese nun, um Zeit zu schinden, unvorbereitet und langatmig ab.

Diese Veranstaltung ist, was das angeht, ein besonderer Leckerbissen. Heute erwarten uns 4 Referenten. Laut Programm dient dies dem Zweck, uns verschiedene Sichtweisen des Sterbeprozesses näher zu bringen. Rückblickend hat dies jedoch viel mit der insgesamt eingeschränkten Menge an nützlichen Informationen zum Thema Tod zu tun. So komplex scheint das Sterben dann doch nicht zu sein. Somit liegt der Fokus hier auf der Gruppendynamik und dem, was der einzelne Teilnehmer beizusteuern weiß. Viele Veranstalter denken wahrscheinlich, es sei deutlich verdaulicher für die Teilnehmer, wenn jeder Referent zunächst eine ausführliche Vorstellrunde vorschiebt und dann anschließend noch detailliert nachfragt, was unser aktueller Wissensstand nach dem letztgehörten Vortrag gerade ist. Eine Abstimmung der Referenten würde hier nicht nur gut tun sondern auch durchaus Geld sparen. Das Dozentengehalt in Kombination mit dem Verdienstausfall der 15 Teilnehmer für diese 15 Minuten Feedback (das sind immerhin fast 4 Arbeitsstunden) liegen sicher im mittleren dreistelligen Bereich.

Es geht also los. Meine Müdigkeit ist an Weiterbildungstagen, unabhängig von der Anfangszeit, deutlich stärker ausgeprägt. Ein Hauch von Urlaub. So schaffe ich es geradeso um 9 Uhr schweißgebadet im Seminarraum des katholischen Altersheims anzukommen. Es riecht nach Pflegeprodukten, Kartoffelpüree und vielen, vielen alten Menschen. Die Gruppe ist bereits in Startposition und schon kann der Tag beginnen. Der erste Redner entpuppt sich schnell als ein herrischer Mann, der ein Buch zu viel zum Thema „Wie man Gruppen aufweckt und provoziert" gelesen hat. In seiner Bibliothek fehlen aber offensichtlich weitere Bücher zum Thema Methodenvielfalt oder Empathiefähigkeit.

Er stellt zunächst Eingangsfragen zum Thema Tod und den entsprechenden Prozeduren, deren Antwort ich mir eigentlich genau in dieser Weiterbildung erhofft habe. Doch das Unwissen unserer

Gruppe belächelt und kommentiert er spöttisch. „Wie, das wissen Sie nicht?" Dass er sich, falls wir alle diese Sachen tatsächlich schon wüssten, seinen eigenen Vortrag ja auch sparen könnte, scheint ihm gleichgültig zu sein.

Eine Dame kommt etwas zu spät. Der etwas rundliche Mann vorne, nutzt auch diese Chance, um grundsätzlich zu werden. „Wir haben dann schon mal angefangen" sagt er als habe diese Frau den Affront gegenüber ihm von langer Hand geplant. Die ältere Dame sieht aus, als seien die Tage, in denen sie pädagogisch gerügt werden müsse, lange Zeit vorbei. Der Seminarleiter aber wartet genüsslich bis sie sich gesetzt hat, die Jacke ausgezogen hat und ihre Unterlagen auf dem Tisch liegen. Die Minuten vergehen wie Stunden, der armen Frau weicht die Schamesröte nicht mehr aus dem Gesicht. „Sind wir dann so weit, ja?" Sie hat soeben ihre erste Nahtoderfahrung hinter sich.

In der ersten der unzähligen Vorstellrunden sollen wir unsere Motivation für den Kurs angeben. Die Antworten sind, wie oft, wenig kreativ und einseitig. „Neues lernen" wollen alle und das Thema sei „berufsrelevant und interessiere sie außerordentlich". Ich halte mich, wie immer bei diesen Runden zurück und versuche den Staffelstab nach wenigen Sekunden an den Nächsten weiterzugeben. Andere nutzen diese erste Bühne jedoch, um ihre Lebensgeschichte zu erzählen. 6 der 14 Damen weinen, sie haben Toderfahrung mit Verwandten oder einfach in ihrem Kopf. Ein betroffenes und vor allem langes Schweigen tritt dann häufig in den Raum. Es liegt zwischen eine respektvollen Raumlassen und dem einfach peinlich Berührtsein. Erste Sympathien und Antipathien offenbaren sich. Auch wenn solche Seminare und Kurse den Raum bieten sollten, sich zu öffnen, zu reflektieren und die eigenen Gefühle rauszulassen, wird bei solchen Regeln und Rahmenbedingungen oft vergessen, dass viele dies als Anlass sehen, das inhaltlich Vorankommen der ganzen Gruppe mit niederträchtigen Monologen und zeitraubenden Emotionsausbrüchen zu torpedieren. „Die eigenen Gefühle zu kommunizieren", so sollte die Regel eigentlich heißen, „ist im Rahmen der für jeden Teilnehmer vorgesehenen Aufmerksamkeit und Redezeit durchaus erwünscht". Das bedeutet bei einem 8-stündigen Seminar sind zunächst einmal 2 Stunden Pause vorgesehen. In den verbleibenden 6 Stunden sind üblicherweise ein Drittel Frontal-Vortrag, ein Drittel anderweitige Präsentationen, Fallbeispiele oder Stilarbeiten und nur ein Drittel Gruppenarbeit und Beteiligung der Teilnehmer vorgesehen. In einer Gruppe von 15 Personen bleiben also 2 Stunden Redezeit für die Teilnehmer. Fein säuberlich getrennt ergibt das für jede Person im Raum eine Redezeit von exakt 8 Minuten. 8 Minuten! Diese 8 Minuten, wohlgemerkt über die 8 Stunden Weiterbildung ist das 1 Minute pro Stunden und somit alles was jede Person auf dem eigenen Konto hat. Ist diese Zeit rum, gilt es jede Träne zu trocknen und den Mund zu schließen. Pausen sind von dieser radikalen Regel für jeden Teilnehmer leider und zum Leidwesen der anderen Teilnehmer sehr oft ausgenommen.

Denken Sie mal nach: Hätten Sie, unabhängig von allen weiteren Faktoren, nicht deutlich mehr aus der letzten selbst besuchten Veranstaltung mit nach Hause nehmen können, wenn niemand diese heiligen 8 Minuten überschritten hätte? Doch es gibt immer jene, die rücksichtslos und egoistisch die Redezeit der anderen beschneiden, ja wenn nicht gar vollständig aufessen. So als wenn man zu Spanier geht, die Tapas in der Mitte für alle auf dem Tisch landen und jemand einfach alle kleinen und kleinsten Töpfchen alleine aufisst.

Und dann gibt es zwei Sorten von Seminarleitern. Einmal jene, die aufgrund dessen die eigene Wissensvermittlung zum Schutz der anderen Teilnehmer einschränken und die Stoffmenge zum Nachteil aller reduzieren. Oder jene die hart und erbarmungslos mit Eile reagieren und ab nun keine Nachdenk- und Rückmeldepausen mehr einhalten. Ich persönlich mag die letzteren deutlich lieber, aber jene werden am Ende von der Gesamtgruppe deutlich schlechter bewertet.

Zurück zu meiner Weiterbildung: nach einer endlos quälenden Vorstellungsrunde, die mir ungewollte Einblicke in das Berufs- und

Privatleben meiner Mitteilnehmer eröffnet, kann es endlich losgehen. Zwei Frauen auf der anderen Seite des Raumes haben angefangen, latent aber kontinuierlich und merklich hörbar, zu schluchzen.

Die erste Sitzung wird vom Dozenten vorweg als „anstrengend" und „theorielastig" beschrieben, und viele der anderen Teilnehmer stöhnen und ächzen unter dem ein oder anderen Fachbegriff oder der ein oder anderen Folie auf der mehr als drei Worte stehen. Für mich dagegen ist dies der beste Teil der Fortbildung. Dadurch dass den Teilnehmern erlaubt ist, nach ihren eigenen Bedürfnissen zu schauen, läuft ständig jemand zum Catering-Tisch oder aufs Klo. Trotz dieser chaotischen Zustände retten wir uns durch einige Modelle und Theorien in die erste Kaffeepause. Die Frauen, von denen sich einige offensichtlich schon vorher kannten, zersplittern in mehrere Teilgruppen. Da in den Gruppen vorwiegend kritische und vor allem emotionale Erlebnisse des Arbeitsalltags ausgetauscht werden, entscheide ich mich, mich in sozialen Medien zu flüchten und mit anderen Menschen zu sprechen. Das liebevoll aufgebahrte Gebäck tröstet mich in die zweite Vorstellungsrunde.

Der Mediziner, der den zweiten Block leitet, hat sich eine Zerstreutheit angeeignet, die eher antrainiert als authentisch wirkt. Zunächst braucht er sehr lange, die einfache Installation des Computers zu bewältigen, anschließend fragt er, was wir von ihm denn nun wohl wissen wollten. Er sammelt die zugerufenen Begriffe auf einem Flipchart. Anschließend springt er virtuos von Thema zu Thema. Nie tief, stets breit und wenig sagend. Ein roter Faden fehlt, die beiden schluchzenden Frauen werden wieder lauter. Die meisten Frauen sind dennoch tief beeindruckt, da dieser Arzt für sie nicht trotz, sondern aufgrund seines Auftretens kompetent erscheint. So als müsse er sich im Alltag deutlich wichtigerem widmen als der Vorbereitung dieses einfachen Kurses. Nach 90 Minuten wildem Ritt, hakt er halbherzig die meisten Begriffe auf seiner Liste ab ohne diese besprochen zu haben und beendet die Sitzung aufgrund weiterer Termine etwas früher. Voller Staunen und unfähig, ihm unsere Meinung zu sagen, werden wir in die Altersheim-Kantine entlassen.

Dort angekommen habe ich Pech: ich lande an einem Dreiertisch mit den beiden Damen, die am intensivsten von der Thematik berührt sind und deren Beiträge bislang bei weitem die längsten und undurchschaubarsten waren. Kein Wunder, dass genau dieser Platz noch frei war. Die eine hat ein nahes Familienmitglied verloren. Ihre Erzählung dieses Prozesses überdauert die Suppe, die Hauptspeise und die Nachspeise, kostet die Erzählerin unzählige Servietten und ist nur für uns beiden Zuhörer umsonst.

Gut erholt kommen wir alle somit zurück aus der Mittagspause in den Seminarraum. Nun steht eine Expertin für Trauerbegleitung vor uns. Eine Vielzahl von Tüchern an unterschiedlichen Körperstellen weisen sie als zumindest der Esoterik nahestehend aus. Tatsächlich ist ihr Thema die Rituale vor und nach dem Tod und sie spricht jedes Wort langsam und wichtig aus, sodass die ersten Damen in einen tranceartigen Zustand geraten. Die schweigsamere der beiden Damen vom Mittagstisch macht sich auf ihre erneute Pilgerreise Richtung Damentoilette. Wichtig sei es, so sagt die tuchbehangene Dame nun vorne, dass wir uns zunächst einmal kennenlernen und als Gruppe spüren. Meine rechte Hand beginnt unruhig und unwillkürlich zu zucken. Immer weniger stark ist mittlerweile mein Widerwille und als ich im Stuhlkreis erneut dran bin, höre ich mich selber davon erzählen, wie wichtig Rituale in der Sterbebegleitung seien. Da sei ich gespannt, was ich hier in diesem Modul denn Neues erfahren könne. Ich nehme mir vor: bei der nächsten Vorstellungsrunde werde ich in Tränen ausbrechen. Andere schildern jetzt ungefragt, was Ihnen am Morgen besonders gut gefallen habe. Da eine Gruppendiskussion stets die Arbeitszeit eines Dozenten verkürzt, befeuert die Tuchträgerin auch die restliche Gruppe ihr ein sehr subjektives und sehr ausführliches Feedback zu geben.

Auch wenn das meiste, was in diesen 90 Minuten vorstellt und diskutiert wird, nichts weiter als gesunder Menschenverstand ist, schreiben die meisten Teilnehmerinnen schon den ganzen Tag akribisch mit. Ich zeichne mit verbissenem Gesichtsausdruck kleine Kreuze und Särge auf meinen Notizzettel um nicht aufzufallen und nicht ins Blickfeld der Dozentin zu fallen. Aus heiterem Himmel fixiert sie nämlich einzelne Teilnehmer und fragt nach deren unverblümter Meinung zu deren Alltagspraxis und der bisher eingesetzten Ritualen.

Auch in der anschließenden Gruppenarbeit werden in Kleingruppen drei vermeintlich einfache Fragen gestellt, die wir nun zu dritt beantworten sollen. Während mir die Fragen tatsächlich einfach erscheinen für die die 20 Minuten Bearbeitungszeit bei weitem zu lang sind, wittern meine beiden Teamkolleginnen hinter der Wort- und Fragewahl eine tiefere Bedeutung. So muss ich, statt meine Pause vorzuziehen, mit den beiden Damen diskutieren, ob es nicht noch eine andere, tiefgründigere Antwort auf die recht banalen Fragen geben könne. Bei der Auflösung im Plenum entpuppt sich später jede denkbare Lösung als richtig. Damit hat sich die Leiterin mit den Tüchern bei mir endgültig ins Abseits gespielt.

Als die 90 Minuten vergangen sind, merke ich, dass in unserer zweiten Kaffeepause derselbe Mann seinen Computer anschließt, der schon heute Morgen da war. Ich atme erleichtert aus, da eine weitere Vorstellrunde nun nicht nötig erscheint. Der Mann verschont uns aber keineswegs mit Fragen. „Wie sieht für sie der perfekte Tod aus?" schreibt er an eine Pinnwand. Die zwei Damen beginnen vorsorglich zu schluchzen und ich bin mir sicher, dass mein Tod in diesem Raum nicht sehr schön aber mittlerweile nicht mehr vollends auszuschließen ist. Nach einer unbeschreiblichen Runde von Antworten aller Teilnehmerinnen, bin ich an der Reihe und antworte: „Es ist einfach alles schwarz." Die Dame rechts neben mir, die soeben über 20 Minuten jedes Details der eigenen Beerdigung beschrieben hatte, und dabei ein verzücktes Lächeln aufzog, schaut nun ernst.

Aber auch in diesem Eingeständnis, dass ich einfach nicht mehr kann, sieht der Seminarleiter tatsächlich Tiefe. Dies sei ja der Kern allen Sterbens und der Mittelpunkt dieser Weiterbildung. Ich ernte bewunderndes Nicken aller Damen. Ich fasse es nicht.

Im Anschluss zeigt uns der Mann noch einen Film über Bestattungstraditionen in anderen Ländern. Da am Ende, Gott sei Dank, keine Zeit mehr bleibt, noch über den Filmausschnitt zu reden, unterscheidet sich die Vorführung nicht vom heimischen Zappen auf der Couch. Einzig das Schluchzen der beiden Damen ist während des Films wieder merklich lauter geworden.

Zum Abschluss wird ein Feedbackbogen verteilt. Normalerweise finde ich detaillierte und konstruktive Kritik die einzige Möglichkeit, dass sich Dinge zum besseren verändern, aber heute fehlt mir die Kraft. Ich spare mir die vielen Kreuze und gehe direkt zum Freitext-Abschnitt am Ende des Bogens über.

„Es ist einfach alles schwarz." schreibe ich, während mir die erste und letzte Träne des heutigen Tages über die Wange läuft.

2018

Essen 1

Eine Salatgurke schmeckt nach nichts.

Außer vielleicht Wasser.

Wenn man Salz draufmacht, schmeckt sie nach Salz.

Wenn man Pfeffer draufmacht, schmeckt sie nach Pfeffer.

Dippt man sie in einen Dip oder eine Salatsoße, schmeckt sie nach Dip oder Salatsoße.

Ursprünglich waren Gurken bitter.

Der bittere Geschmack entsteht durch Bitterstoffe, Cucurbitacine.

Cucurbitacine sind für den Menschen giftig.

Diese Bitterstoffe wurden herausgezüchtet.

Eine Salatgurke schmeckt deshalb wieder nach nichts.

Gurken aus dem Garten können jedoch Bitterstoffe enthalten.

Salatgurken, die nach etwas schmecken, sollten Sie auf keinen Fall essen.

Sie führen zu Magenkrämpfen und Durchfall.

Es hat bereits Todesfälle gegeben.

Seien Sie vorsichtig.

Essen Sie nur Gurken, die nach absolut nichts schmecken.

Das kann ihr Leben retten.

Essen 2

Eine Aubergine schmeckt nach nichts.

Außer vielleicht Wasser.

Wenn man Salz draufmacht, schmeckt sie nach Salz.

Wenn man Pfeffer draufmacht, schmeckt sie nach Pfeffer.

Dippt man sie in einen Dip oder eine Salatsoße, schmeckt sie nach Dip oder Salatsoße.

Wenn man sie grillt oder mit Käse überbackt, schmeckt sie nach Grill oder überbackenem Käse.

Die Aubergine enthält auch Bitterstoffe

Und sie enthält noch Solanin.

Mit Salz bestreuen und ziehen lassen oder Garen entfernt diese Bitterstoffe.

Eine Aubergine schmeckt deshalb wieder nach nichts.

Auberginen aus dem Garten können jedoch Bitterstoffe enthalten.

Auberginen, die nach etwas schmecken, sollten Sie auf keinen Fall essen.

Solanin kann zu Magen-Darm-Beschwerden führen.

Es hat bereits Todesfälle gegeben.

Seien Sie vorsichtig.

Essen Sie nur Gurken, die nach absolut nichts schmecken.

Das kann ihr Leben retten.

Kinderwahnsinn

Kapitel 1

Ich hätte vor kurzem gern die Dokumentation über den Attentäter von Straßburg verfolgt. Es hielt die Menschen in Atem. Ich wollte mitreden können, mehr über seine Identität und Motive erfahren. Ich wollte vielleicht sogar auf Facebook wütende, oder besinnliche Kommentare posten, die meine Freunde und Bekannten zum Nachdenken oder Schmunzeln anregen könnten.

Leider kam ich nicht dazu. Ich lag stattdessen, wie fast an jedem Abend um etwa 19:21 Uhr friedlich und angezogen im Bett und habe versucht, mich so leise wie möglich zu verhalten, damit unser Kind nicht aufwacht. Kleine Kinder brauchen etwa 20 Minuten um komplett einzuschlafen. In dem Augenblick, wo ich die eigene Hand nach etwa 19 Minuten und 43 Sekunden vorsichtig und behutsam aus der Umklammerung des Kindes zu lösen versuchte, war das Kind hellwach und das Spiel begann von vorn. Das Kind lächelte erhaben.

Kapitel 2

Ich wollte letzte Woche das Champions-League Fußball-Spiel Amsterdam gegen Bayern schauen. Es gab am Ende sechs Tore, zwei rote Karten und viel Dramatik. Ich hatte mir schon meine weiteste Trainingshose angezogen und die Füße auf dem Esstisch platziert. Das Dosenbier war geöffnet, die Chips platziert und auf meinem Smartphone war eine App geöffnet, bei dem man sich langweilige Sequenzen des Spiels damit vertreiben kann, kleine Geldsummen auf den Zeitpunkt des nächsten Eckballs zu wetten.

Leider kam ich nicht dazu. Ich versuche stattdessen mehrfach mit einem kleinen Sauggerät die verstopfte Nase unseres Kindes zu reinigen. Nach einigen Spüldurchgängen mit einer kinderfreundlichen Salzwasserlösung, saugte ich mit dem Mund an etwas, das aussieht wie ein Mini-Blasebalg. Der Vorgang sieht ein wenig so aus, wie aus einem Splatter-Horrorfilm, wo einem Patienten durch die Nase das Gehirn herausgesaugt wird. Die stets weitaufgerissenen Augen unseres Kindes stützen diesen Eindruck. Anschließend ist die Nase des Kindes für wenige Momente frei. Aus hygienischen Gründen spült man den Blasebalg natürlich nach jedem Saugvorgang. Ich hoffte, dass diese Zeit ausreichen könnte, um einzuschlafen. Dem war nicht so. Ich saugte, spülte und reinigte und saugte, spülte und reinigte und saugte, spülte und reinigte somit bis auch die letzte Übertragung der Champions-League zu Ende gegangen war. Das Kind lächelte erhaben.

Anmerkung: Auch wenn meine Partnerin behauptet, diese gehe technisch gar nicht, hatte ich schon mehrfach das Gefühl, dass ich bei diesem Vorgang den Rotz des Kindes direkt und zügig einsaugte und, weil alles so schnell geht, unaufhaltsam sofort schlucke. Ich werde dies bei der nächsten Champions-League Übertragung genau überprüfen.

Kapitel 3

Ich wollte gerne Anfang Dezember die Kampfabstimmung der CDU sehen. Wer wird ggf. der oder die neue Merkel wird. Wie verkaufen sich die Kandidaten? Ist alle Parodie und Satire über deren Unbrauchbarkeit gerechtfertigt. Nicht zuletzt, um mich auch im europäische-luxemburgischen Diskurs kenntnisreich zu zeigen, wollte ich die Abstimmung also im Livestream verfolgen und hatte mir schon eine große Schale Popcorn und einen starken Früchtetee dazu gemacht.

Leider kam ich nicht dazu. Ich kochte stattdessen zu dem Zeitpunkt genau 90 ml Wasser und schüttete anschließend 60ml davon in eine eigens dafür entworfene Plastikflasche. Anschließend nahm ich drei voll gehäufte Löffel der Pudermilch aus dem Bio-Laden mithilfe des dafür vorgesehenen Löffels, mischte dieses Pulver behutsam unter die 60 ml und schüttelte den Trank kräftig. Anschließend schüttete ich die verbleibenden 30 ml zum Gemisch dazu. Welchen

Effekt diese skurrile auf der Pudermilch Packung angegebene Herstellungsweise haben könnte, ist mir mit einem eher rudimentären Chemiewissen bis jetzt nicht bekannt. Man fühlt sich aber wie Walter White aus Breaking Bad höchstpersönlich. Ich ließ das weißliche Gebräu etwas stehen und probierte anschließend, wie immer, die künstliche Muttermilch durch den Sauger mit einem beherzten Schluck auf angemessene Temperatur. Sie schmeckt ein wenig angenehmer als reale Muttermilch und führt nachweislich beim Verzehr zu weniger Dissonanz. Dies weiß ich, da man reale Muttermilch im harten Babyalltag oft irrtümlicherweise probiert, zum Beispiel beim spritzigen Auswaschen von benutzen Flaschen, beim Ablecken von Fingern, die soeben den Mund des Kindes abwischten oder einfach wenn sich das Kind beim Flugzeugspielen gezielt aus 60 cm in meinen geöffneten, lächelnden Mund erbricht. Und dann erhaben lächelt.

Kapitel 4

Ich wollte letzten Dienstag joggen gehen, ich bin nächste Jahr für den Halbmarathon gemeldet. Ich bin komplett außer Form und sollte, um mich nicht vollends zu blamieren, wieder anfangen zu laufen. Ich würde mich auch schon über 30 Minuten laufen freuen, also die Straße hoch und runter eben. Selbstverständlich muss man sich vorher umziehen und später duschen, aber so ein wenig Sport ist ja sicher drin.

Leider kam ich nicht dazu. Ich gab meiner Tochter stattdessen ein Zäpfen. Das letzte Zäpfchen, an das ich mich erinnere, mag eines gewesen sein, dass seinen Weg in meinen Hintern fand. Wichtig ist, dass man bei Zäpfengeben das Poloch noch ein wenig zuhält, damit das Zäpfen nicht sofort wieder rauskommt. Falls es doch wieder rauskommt, gilt es, es nochmal zu versuchen. An diesem Abend an dem ich eigentlich joggen gehen wollte, kam es mehrfach wieder heraus. Und wie Sie sich das vielleicht vorstellen können, kam das Zäpfen, unter dem vehementen Pressen des Kindes nicht allein.

Vielmehr musste ich es anschließend suchen, in den verdauten Resten aus Möhrenbrei, Muttermilch und Apfelkompott. Das Kind lächelte erhaben.

Kapitel 5

Ich hatte vor am Sonntag nach dem Babyschwimmen noch kurz das Auto zu tanken und durch die Waschanlage zu fahren. Das Babyschwimmen ist jeden Sonntag um 9 Uhr terminiert, ca. 20 Minuten von uns entfernt. Das bedeutet, seit dem Beginn des Babyschwimmens habe ich sonntags nur selten länger als 7:30 Uhr geschlagen. Aber der sportliche Ehrgeiz, dass die anderen Väter dort, manchmal begleitet von ihren überbeschützenden Frauen, alleine Neues lernen könnten (z.B. ein neuer Begrüßungssong oder wie das Kind selbstständig auf einer Nudel liegt) treibt mich beständig an. Nach dem Schwimmen wollte ich aber nur kurz die Lage des Schwimmbads nutzen, um Benzin zu erwerben und dem Auto die fällige Pflege zu gönnen.

Leider kam ich nicht dazu. Das Kind, erschöpft vom wöchentlichen Workout, genoss die kurze Fahrt zur Tankstelle mit einem wohligen Lächeln. Sobald das Auto aber stehen blieb verfinsterte sich der Blick. Das Kind schrie wie am Spieß. Meine anfangs souveränen, später panischen Hilfeversuche mit Ansprache, Flasche, Schnuller, Spielzeug, Körperkontakt, Tee, Gesang, Verstellen der Stimme, Grimassieren etc. brachten nicht den gewünschten Erfolg. So steckte ich den Zapfhahn unverrichteter Dinge zurück in die Säule und fuhr mit dem letzten Tropen Benzin nach Hause. Nachdem die Tränen getrocknet waren, lächelte das Kind erhaben.

Kapitel 6

Ich hatte vor, am Freitag endlich die letzten noch verbleibenden Geschenke zu kaufen, einen überteuerten, übersüßten Glühwein auf einem Weihnachtsmarkt zu trinken, mir anschließend ein Menü aus Bratwurst, Churros und gebrannten Mandeln zu Gemüte zu führen. Die Einkaufsliste war geschrieben, das Kleingeld abgezählt.

Leider kam ich nicht dazu. Das Kind, gerade eben noch in der Crêche zufrieden abgeliefert, musste abgeholt werden. In der Babygruppe der Crêche hatten sich Läuse gezeigt. Ja, auch ich musste den Wikipedia Eintrag „Kopfläuse" zunächst fertiglesen. Durch das volle Haar unseres Kindes, galt es als besonders gefährdet. Die Leitung der Betreuungseinrichtung hielt es für richtig und verhältnismäßig, uns zu informieren und zu bitten, das Kind doch bitte abzuholen. Sobald ich den Eingangsbereich der Kindertagesstätte betreten hatte, begann es bei mir zu jucken. Zuerst am Kopf, später am Tag auch im Bart. Das Kind schien verschont geblieben zu sein. Es lächelte erhaben.

Kapitel 7

Jeden Mittwochvormittag kommt eine Reinigungskraft zu uns. Diese Dame macht ihre Arbeit vorbildlich und ist ein Engel. Um ihr aber ihre Tätigkeit möglich einfach zu machen, räumen wir vorher die Zimmer ein wenig auf. Auch wenn ich meine Partnerin regelmäßig frage, wer hier eigentlich für wen putzt (dies mache ich natürlich halb im Spaße, aber selbstverständlich auch halb im Ernst), trage ich dieses für mich weiterhin sonderbare Vorgehen mit. Gerne wollte ich also auch letzten Mittwoch die Spielecke zusammenräumen, das Bett aufschlagen, die Spülmaschine einräumen. Ich war allein zuhause, das Kind schlief.

Leider kam ich nicht dazu. Das Kind schrie, sobald ich das Zimmer verließ und schaute mich erwartungsfroh an als ich zurückschaute. Spiel mit mir, sagte der Blick. Während ich oberflächlich räumte, rief das Kind ständig nach mir. Auch wenn es noch nicht sprechen kann, so haben viele Ausrufe einen klaren Aufforderungscharakter. Ich kam nach jedem verstauten Spielzeug kurz zurück und signalisierte: ich bin da. Don't worry, be happy. Als das Kind merkte, dass ich nicht ganz bei der Sache war, drückte es sich ein Kaka in die Hose. Man erkennt dies am angestrengten, abwesenden, fast nachdenklichen Blick. Seit ich diesen Blick und seine Folgen kenne, nehme ich viele, oft nachdenklich wirkende Freunde ganz anders wahr. Die Windel war anscheinend ein wenig zu lässig gebunden. Das Geschäft drückte sich oben aus der Windel in den Body und den Schlafanzug. Nun ist hier Eile geboten. In der harten Schule meiner Partnerin habe ich gelernt, dass ein Fleck in einem Body schnell verschiedensten Behandlungen ausgesetzt werden muss. Das gilt neben dem Kaka auch und vor allem auch für Kürbis- und Möhrenbrei. Ansonsten explodiert das Kleidungsstück sofort. Oder man kann es der Mutter, die es uns freundlicherweise geliehen hat, nicht mehr zurückgeben. Eins von beidem. Ich ging kein Risiko ein und setzte den langwierigen Prozess mit Auswaschen, Fleckenspray, Einweichen etc. in Gang. Ein Kind zu haben ist wie Chemie-Nachhilfe. Während unsere Reinigungskraft also unten in die chaotische Wohnung eintrat, lächelte das Kind im Bad neben mir erhaben.

Kapitel 8

Ich hatte am Sonntag vor, noch einen kinderfreien Text für heute Abend zu schreiben.

Leider kam ich nicht dazu. Das Kind spielte friedlich unter seinem dudelnden Plastikgerät. Die Technik ist einfach. Berührt das Kind einen Teil des Geräts, spielt das Gerät eine von 5 Melodien. Immer in derselben Reihenfolge. Ich kann die Songs nicht nur vorhersagen und mitsummen, ich höre sie auch nachts, wenn ich versuche zu schlafen. Das Kind brabbelte, spielte, gluckste und verlangte nach Brei. Ich gab nach. Ich schrieb einen Text über das Kind. Es ist dieser Text geworden. Das Kind lächelte erhaben.

Fazit: All die schwachsinnigen Sprüche von Eltern auf Facebook und in Poesie-Alben sind tatsächlich bedingt wahr. Man verzeiht dem Kind alles. Natürlich: Die Natur hat die Kinder so hübsch gestaltet, damit man sie nicht aus dem Fenster wirft. Oder damit man Ihnen gerne die Nase abpumpt, den Brei auswäscht, das Zäpfen gegen Ihren Druck im Po hält.

Ich hoffe für das Kind sehr, dass es so hübsch bleibt. Während ich den Text beende, lächelt das Kind erhaben.

Heiligabend

Heiligabend, früh morgens, noch kaum jemand wach,
Das leise Zwitschern der Vögel als einziger Krach.
Bei Cactus auf dem Parkplatz sind Leute zu sehen,
Die Schicht sie beginnt bevor Hähne noch kräh'n.

Nur bis 12 noch, geöffnet, dann ist endlich frei,
„Dat ass doch eng kurz Paus, D'Mittwoch sinn mir wieder hei."
Die Verkäufer, die Käse- und Wurtconnoiseure,
Auf dass bei der letzten Zigarette nun niemand sie störe.

Im Geschäft herrscht am Morgen schon buntestes Treiben,
Der Salat, schon leicht bräunlich, er winkt durch die Scheiben,
Wer von allen kommt noch weg jetzt zum nahenden Schluss,
Der Salat kennt die Deadline, nur noch heut' ein Genuss.

Der Laden ist ganz voll von Verfallsdatumsware,
Alle Hoffnung ruht auf diesem Morgen, diesem halben Tage.
Für Süßes und Unnützes Wettbewerbsvorteil,
Sie bieten ihre Dienste an der Kasse dann noch feil.

Dort der Rotkohl er zweifelt, ein Zweifler eben,
Nur bei Omas wird's heute Abend noch Rotkohl geben,
Und da Omas ihr Essen schon frühzeitig kaufen,
Wird heute keine Oma mehr für den Rotkohl in den Cactus laufen.

Anders die Würste, im Glas und auch frisch,

Die wissen, bei faulen Menschen landen sie auf den Tisch.

Kartoffelsalat, Würstchen, zusammen mit Bieren.

Mit dem Verweis auf Tradition kann man die Faulheit kaschieren.

Beim Käse ist die Stimmung in der Theke gedrückt,

Dabei wurde hier mit Girlanden ganz liebevoll geschmückt,

Enorm der Bestand, bis zum Mond und zurück,

Da kauft jeder Kunde von allem nur ein winziges Stück,

Die Brote sie munkeln, sie klagen ihre Not.

Weihnachten ist einfach nicht die Zeit für Brot.

Nur zu den Vorspeisen Suppen wird es noch erworben,

Sind dafür all die Roggen und Ähren umsonst gestorben?

Die Crémant-Abteilung nimmt Wetten entgegen,

„Wetten wir werden leer, was würdet ihr geben?"

Denn auch Weihnachten-Hasser, die früh im Bette liegen,

Die brauchen viel Alkohol, um den Abend rumzukriegen.

Jetzt ist es gegen sieben, die Türen geh'n auf,

Das Buffet ist eröffnet, nun Menschlein, komm kauf,

Doch auch wenn die Mitarbeiter schon freundlich lechzen,

Kommen nur zwei alte Damen durch die Türen, sie ächzen.

Sie warteten schon lange vor der geschlossenen Tür,
Die Groupies des Cactus, schaut her, das sind wir.
Vom Alter getroffen, auf ihre Wagen gestützt,
In Wolljacken, Gehstock und *old-school* bemützt.

Der Manager kennt sie, sie sind immer da,
Ob am 11. Mai, Weihnachten oder auch mal Neujahr,
Sie wirken in Eile, wie zu Hause kein Futter,
Doch kaufen dann doch meist nur einen Joghurt und Butter.

Die Heizung, sie läuft auf den vollsten Touren,
Mett- und Fleischwurst hinterlassen kleine schwitzige Spuren.
Ein Glöckchen klingelt, der Lautsprecher brummt,
George Michael säuselt leise, er klingt nicht gesund.

Die Konservenabteilung ist selten in Eile,
Sie halten sich für lecker, doch halten eine Weile,
Die bunten Cocktailfrüchte und der Dosenmais,
Fürchten deshalb um Ansehen, fürchten um Preis,

Das Lächeln der Mitarbeiter langsam erstarrt,
Der Montagmorgen nimmt nun langsam auf seine Fahrt.
Gestresst die meisten Kunden mit Tunnelblick,
Sie suchen nur Waschmittel oder nur ein Rinderstück.

Kaum jemand streunert durch die Gänge und Gassen,
Keiner will was probieren, sich schmecken lassen,
Oder doch ja, diese Mutter dort, schaut sie euch an,
Bei der Fest-Ausrichtung ist sie dieses Jahr dran.

Was schmeckt denn wohl der Schwiegermutter vom Land,
Was dem hippen Städter-Pärchen nicht zu unbekannt,
Sie landet beim Schnitzel, paniert für die Pfanne,
Lässt die Geldbörse liegen, die Gute heißt Anne.

Geschrei plötzlich dort an der Tiefkühltruhe,
Ein Mann Ende zwanzig schreit und er trägt keine Schuhe,
Offensichtlich noch beschwipst von des Vortrags Feiern,
Mit unstillbarem Wunsch nach Fischstäbchen und Eiern.

Alle Tiefkühlprodukte, sie ruhen vollends in sich,
Gegen Ladenschluss meistens, da leeren sie sich.
Sie wissen genau, ihre Stunde wird kommen,
Statt selbst zu kochen wird dann fertig genommen.

Zuhause das Fertige dann noch ein wenig garniert,
Und die Packung in die Tonne ganz unten drapiert.
Der Gäste Lobpreis, deren Ahs und Ohs,
Antwortet man demütig nickend „Ja, der Aufwand war groß.".

Die Zeit sie vergeht für alle verschieden rasant,

Für die Kunden zu zügig, wie der Uhren Sand,

Für die Frauen an der Kasse, ist das umgekehrt,

So als wenn dieser Sand die Zeiger beschwert.

Der Salat ist verkauft an einen sorglosen Mann,

Er schaute sich nur die grüne Seite an.

Doch zuhause gibt es Ärger, gibt es Wortwechsel-Hiebe,

Denn erst nach Ladenschluss beginnt das Fest der Liebe.

Die zwei alten, jetzt gleich ist die Kasse erreicht,

Ihre Themen sind schwer, ihre Körbe sind leicht,

Die eine trauert nach einer besseren Zeit,

Passend dazu ist ihre Mayonnaise auch light.

Doch wie alle Alten sprechen sie aneinander vorbei,

Das Geschrei der einen ist der anderen einerlei,

Diese kauft noch ein Marzipan-Glücksschwein fürs Enkelkind,

Das sind zwei für die diese Dinge an der Kasse sind.

Dann verstummt die Musik, die Lichter gehen aus,

Bald ist auch der letzte Mitarbeiter aus dem Cactus raus,

Dann steht der Laden dort, dunkel, und einsam, still,

Auf dem Parkplatz ertönt ein letztes finales Gebrüll.

All die Waren die dann in der Dunkelheit schluchzen,
Menschen werden sie weniger festlich bald verputzen,
Eine zweite Chance für sie, nein, die kommt sicher nie.
Chance vertan, keine Festtage für sie.

Und so geht es Milliarden Produkten da draußen,
Ihr feiert Weihnacht drinnen, und sie stehen außen.
Ihr habt euch gegen sie allesamt entschieden,
Sie sind in den Regalen stehen geblieben.

Dabei war ihre Hoffnung, es könnte gelingen,
Man könnt' es abends auf den Fest-Teller bringen.
Am festlichen, Heiligen Abend, geschmückt.
Doch aus, Schluss, vorbei, es ist nicht geglückt.